Het ult veganistische sandwichkookboek

100 innovatieve veganistische sandwichrecepten voor elke gelegenheid

Bilal Gerritsen

© COPYRIGHT 2024 ALLE RECHTEN VOORBEHOUDEN

Dit document is gericht op het verstrekken van exacte en betrouwbare informatie over het behandelde onderwerp en de kwestie. De publicatie wordt verkocht met het idee dat de uitgever geen boekhoudkundige, officieel toegestane of anderszins gekwalificeerde diensten hoeft te verlenen. Als advies nodig is, juridisch of professioneel, moet een beoefend persoon in het beroep worden besteld.

Het is op geen enkele manier legaal om enig deel van dit document te reproduceren, dupliceren of verzenden in elektronische of gedrukte vorm. Het opnemen van deze publicatie is ten strengste verboden en opslag van dit document is niet toegestaan tenzij met schriftelijke toestemming van de uitgever. Alle rechten voorbehouden.

Waarschuwing Disclaimer: de informatie in dit boek is naar ons beste weten waar en volledig. Alle aanbevelingen worden gedaan zonder garantie op de auteur of de publicatie van het verhaal. De auteur en uitgever wijzen alle aansprakelijkheid af in verband met het gebruik van deze informatie

Inhoudsopgave

INVOERING..8
1. VEGANISCHE HUMMUSSANDWICH.......................................10
2. SUPER SMAKELIJK VEGAN BROODJE....................................11
3. SPELT SANDWICH TOAST..13
4. VEGANS TONIJN-SANDWICH..15
5. VEGAN PASTRAMI SANDWICH..17
6. PLOEGMAN'S VEGAN MET QUORN PLAKJES.......................19
7. VEGAN HAM QUORN ROLLEN EN KAASVERVANGER...........21
8. QUORN VEGAN NUGGET TORTILLA ROLLEN.....................23
9. QUORN WORSTWRAPS..25
10. QUORN VISVRIJE STICKS WRAP BITES..............................27
11. VEGAN QUORN STOKJE MET KIPCURRY SALADE................28
12. HETE LUCHT GEBRADEN QUORN VEGAN NUGGET TACOS EN CHIMICHURRI...30
13. VEGAN QUORN PÂTÉ APERITIEFSNACKS............................32
14. QUORN ZUIDELIJKE STIJL VEGETARISCH BURGERWRAPS....34
15. QUORN VEGETARISCH GEHAKTE BURRITO, ZOETE AARDAPPEL, ZWARTE BONEN EN CHIPOTLE PEPER..................36
16. VEGETARISCHE BURRITO'S...40
17. IN DOOFDOKJES QUORN FAJITAS MET MANGOSAUS.........42
18. VEGAN ROKERHAM GRATIS PLAKJES QUORN STOKJE........44
19. BAGEL MET CASHEWCRÈME EN GEMARINEERDE WORTEL.45
20. VEGANISCHE HOTDOGS..47
21. SANDWICH MET VEGANSE MAYONAISE IN TONIJNSTIJL.....49
22. LOOPENDE MAGE EN SPINAZIE SANDWICH.......................51

23. VEGAN CLUBSANDWICH...53

24. CLUB SANDWICHES - EEN SUPER GOURMET 100% GROENTE RECEPT!..56

25. TOFU CLUB SANDWICH IN BACON-STIJL EN PUTIGNANO-WANDELING...58

26. GEGRILDE TOFU CLUBSANDWICH..60

27. KIKKERERWTEN TONIJN - SANDWICH.................................62

28. GEZONDE VEGAN SANDW ICHE...64

29. CLUBSANDWICH ZOALS EEN TONIJNMAYO! [VEGETARISCH] 67

30. TOMAAT EN KOMKOMMER SANDWICH CAKE MET BASILICUM..69

31. BROODJE KIP EN FRIET MET MOSTERDSAUS (VEGAN)........72

32. BROODJE MET GEPANEERDE VISVINGERS EN TARTAARSAUS (VEGAN)...75

33. ULTRA SNELLE EN GEZONDE SANDWICH............................77

34. HUMMUS SALADE VOOR DE WINTERSANDWICH [VEGAN]. 79

35. KOMKOMMERSANDWICH VOOR APERITIEF.......................82

36. POLAR BROOD EN GROENTE ZALM BROODJES...................84

37. MINI BAGUETTES MET ZADEN EN GRANEN........................86

38. KLEINE ENGELSE SANDWICH TROTS OP ZIJN SCANDINAVISCHE OORSPRONG..89

39. SPECIALE VEGETARISCH BROODJE.......................................91

40. RUW, LAGE GI...93

41. VEGAN DUBBELE PADDESTOEL EN SPINAZIE SANDWICH MET GEKRUIDE ROOM...96

42. SANDWICH MET KIKKERERWTEN EN AVOCADO PASTA.....100

43. BIETENHUMMUSSANDWICH..102
44. TOFU BACON SANDWICH...103
45. VEGAN BROODJE MET AVOCADO, RUGULA, TOMAAT EN FRAMBOZENMAYO...105
46. SANDWICH BLT...108
47. VEGAN GEBROKEN BROODJES..110
48. SANDWICH PORTOBELLO PADDESTOELEN EN GEKARAMELISEERDE UI..112
49. BROODJE MET GISTBROOD..114
50. TOMATEN BASILICUM SANDWICH.......................................116
51. NOPAL SANDWICH...118
52. RAUWE SANDWICH MET AVOCADO ALI-OLI......................120
53. SANDWICH EXTRA..122
54. TOFU SANDWICH MET MAYONAISE EN VERSE KRUIDEN..124
55. VEGETARISCH BROODJE MET POMPOENMAYONNAISE.....126
56. SANDWICH AUBERGLANTPAAT..128
57. BROODJE MET TOFU...129
58. SANDWICH MET QUINOA EN PADDESTOELEN...................131
59. SANDWICH VAN GESCHROE TOFU......................................133
60. GROENTESANDWICH...135
61. TOFU EN MISO SANDWICH...138
62. WILDE ASPERGES EN PADDESTOELEN SANDWICH............140
63. SANDWICH MET KOMKOMMERS, WORTELEN EN SPINAZIE. 143
64. VEGAN TOFU SANDWICH..145
65. VEGAN TAKE AWAY SANDWICH..147

66. SANDWICH VAN PITABROOD EN SANFAINA......................149

67. SANDWICH AVOCADO...151

68. COURGETTE MUTABAL..153

69. SANDWICH VEGAN GEHAKTBAL..157

70. ZUIGELIJK DINER MET VEGAN INGEZET BROODJE............160

71. BROODJES DE MIGA "LICHT"..161

72. VEGAN SANGUCHE VAN SEITAN..163

73. VEGANISCHE SANDWICH..166

74. ZEER GEMAKKELIJK ROGGEBROOD..................................167

75. KNOFLOOKBROOD...169

76. GROENTESANDWICH...171

77. LICHTE GROENTESANDWICH...172

78. WORSTTYPE WORST VOOR BROODJES...........................173

79. SANDWICH VAN PADDESTOEL, SPINAZIE EN TOMAAT......175

80. AREPA DEEG..177

81. GEROLDE SANDWICH..179

82. GROENTEN- EN KOMKOMMERSANDWICH........................182

83. FALAFEL, PIQUILLO PEPER EN VEGAN SANDWICH............183

84. SNEL VOLTARWE PIZZABROOD...185

85. TOFU-SANDWICH...187

86. RAUW VEGAN LIJNZAADBROOD..188

87. PIJPENBROOD..190

88. BROOD MET OLIJVEN..192

89. SANDWICH MET KIKKERERWTEN, BOSBESSEN EN WALNOOTSALADE..195

90. ROZEMARIJN EN VLASBROOD...197

91. SANDWICH WATERKERS EN HUMMUS..............................199

92. ZWAAR ROZIJNEN- EN WALNOOTBROOD........................200

93. SANDWICH VAN LUZENSPROUTEN..................................202

94. VIJGENBROOD...204

95. SANDWICH MET KIKKERERWTENSALADE.........................206

96. VERBREKERS..208

97. HAVERMOUTDUMPLINGS..209

98. VEGAN TOFU ROGGEBROODSANDWICH...........................210

99. VOLKOREN ROGGE- EN SPELTBROOD................................212

100. SANDWICH MET SEITAN, GEROOSTERDE PEPERS EN PADDESTOELEN...214

CONCLUSIE..216

INVOERING

In een wereld waar eten niet alleen een voedingsmiddel is, maar ook een kunstvorm, nemen sandwiches een bijzondere plaats in. Ze zijn veelzijdig, draagbaar en eindeloos aanpasbaar. Maar wat als je dit klassieke comfortfood volledig plantaardig zou kunnen maken? Welkom bij *Het ultieme veganistische sandwichkookboek* , waar we eenvoudige ingrediënten omzetten in overheerlijke creaties die aan elke behoefte voldoen.

Of je nu al jarenlang veganist bent, een nieuwsgierige foodie, of gewoon op zoek bent naar heerlijke manieren om meer plantaardige maaltijden in je dieet op te nemen, dit boek is je gids. Binnenin vind je recepten die gezondheid en verwennerij in balans brengen, van snelle en gemakkelijke opties voor drukke weekdagen tot gastronomische meesterwerken die perfect zijn om te entertainen. Laten we opnieuw definiëren wat een sandwich kan zijn: laag voor laag, hap voor hap.

Ben je klaar om je sandwichspel naar een hoger niveau te tillen?

Laten we beginnen!

1. VEGANISCHE HUMMUSSANDWICH

Ingrediënten voor 1 portie

- 2 sneetjes / n Brood (volkorenbrood)
- 2 eetlepels, opgehoopte hummus
- 3 plakjes komkommer
- 2 plakjes tomaat
- 2 plakjes / Avocado('s)
- $\frac{1}{4}$ Belastingen Alfalfaspruiten
- $\frac{1}{4}$ Belastingen Wortel(en), geraspt

Voorbereiding

1. Rooster het brood en bestrijk elk broodje met 1 eetlepel hummus. Bedek met de overige ingrediënten en serveer.

2. SUPER SMAKELIJK VEGAN BROODJE

Ingrediënten voor 2 porties

- 2 sneetjes boerenbrood
- 1 avocado
- $\frac{1}{2}$ dosis kikkererwten
- $\frac{1}{2}$ theelepel komijn
- $\frac{1}{2}$ theelepel rasel hanout
- olijfolie
- zout en peper
- 1 handvol spruiten

Voorbereiding

2. Verhit eerst een beetje olijfolie in een pan voor deze ultieme vegan sandwich en bak het brood aan beide kanten dicht. Daarna wordt het eruit gehaald en worden de kruiden erin

gegoten totdat ze beginnen te sissen en ruiken. Vervolgens worden de kikkererwten toegevoegd en ongeveer 5 minuten geroosterd, daarna goed gezouten en gepeperd.
3. De avocado wordt in plakjes gesneden en op de sneetjes brood licht gepureerd. Vervolgens wordt het broodje belegd met de spruitjes en kikkererwten.

3. SPELT SANDWICH TOAST

Ingrediënten voor 1 portie

- 600 g speltmeel, type 630
- 390 ml lauw water
- 80 g plantaardige olie, smaakloos
- 13 g zout
- 14 g suiker
- 18 g gist

Voorbereiding

1. Los de gist op in het water. Doe de overige ingrediënten in een mengkom, voeg het gistwater toe en kneed vervolgens met de mixer of de keukenmachine (ik liet het deeg ruim 5 minuten kneden met de machine). Laat

het deeg vervolgens minimaal 30 minuten, maar beter nog 1 uur rijzen in de kom (soms moet het gewoon wat sneller gaan).

2. Haal het deeg vervolgens uit de kom en kneed het opnieuw goed met de hand. Verdeel het deeg vervolgens in 4 stukken, kneed de segmenten opnieuw kort, vorm een bal en plaats ze naast elkaar in een bakvorm (30 cm broodvorm) bekleed met bakpapier of ingevet. Laten we weer gaan. Idealiter totdat het deeg de rand van de pan heeft bereikt (maar ook hier minimaal 30 minuten). Als het brood slechts een korte rusttijd nodig heeft, snijd het dan in het midden door, zodat het aan de zijkanten niet openscheurt! Verwarm de oven voor op 210 °C boven-/onderwarmte, voeg vervolgens het brood toe en bak 10 - 15 minuten op 210 °. Schakel vervolgens de temperatuur terug naar 180 °C en bak het bakproces in 30 minuten af. Als je niet zeker weet of het klaar is, klop dan op de zijkant. Als het hol klinkt, is het klaar. Val onmiddellijk uit de vorm en laat afkoelen.

4. VEGANS TONIJN-SANDWICH

Ingrediënten voor 2 porties

- 2 stokbrood(jes), zielen of iets dergelijks, vegan
- 1 dosis jackfruit
- 100 g kikkererwten, gekookt
- 4 g zeewier (nori-algen)
- 1 sjalot
- 1 komkommer(s)
- 75 g sojakwark (kwarkalternatief)
- 1 theelepel mosterd
- 2 theelepels sojasaus
- 2 DE mayonaise, veganistisch
- 1 theelepel zout
- ½ theelepel peper
- ½ theelepel dille

- Sla, tomaat, komkommer, ui

Voorbereiding

1. Snij de zielen of baguettes aan de zijkanten in de lengte door, zodat je ze kunt ontvouwen maar niet helemaal kunt openen.
2. Giet de jackfruit af en doe deze in een kom met de kikkererwten. Pureer beide met een aardappelstamper. Snijd indien nodig de stevige stukken jackfruit in kleine stukjes met een mes.
3. Pel de sjalot en snij in fijne blokjes zoals de augurken. Doe beide met de overige ingrediënten in de kom en meng goed.
4. Leg de zielen met sla, tomaat, komkommer, uien, etc. naar smaak en giet het mengsel "tonijn" erbij.

5. VEGAN PASTRAMI SANDWICH

Ingrediënten voor 1 portie

- 2 sneetjes/n brood
- 6 plakjes/n pastrami, vegan
- 1 augurk)
- 1 Slablad
- 1 mayonaise, veganistisch
- 2 theelepels mosterd
- 1 theelepel agavesiroop

Voorbereiding

1. Snijd de komkommer in de lengte in dunne plakjes. Rooster de sneetjes brood in de broodrooster. Als de pastrami lauw gegeten

wordt, verwarm deze dan ongeveer 30 seconden in de magnetron voordat u het brood belegt. Dan wordt het weer iets elastischer en kan het beter gevouwen worden. Meng de mosterd en agavesiroop tot een dressing.
2. Bestrijk het onderste sneetje brood met de mayonaise en beleg één voor één met sla, pastrami en plakjes komkommer. Druppel de mosterddressing erover en leg het bovenste sneetje brood erop.

6. PLOEGMAN'S VEGAN MET QUORN PLAKJES

INGREDIËNTEN

- 8 plakjes Veganistische Rokerige Ham Gratis Quorn
- 100 g Violife Epic Mature Cheddar Flavour Block in 8 plakjes gesneden.
- 4 sneetjes rogge- of zuurdesembrood
- 1 appel
- 4 eetl. naar c. van smaak of Plowman's augurk
- 4 eetl. tot veganistische mayonaise
- Een handvol waterkers of erwtenkiemen ter garnering

Voor de ingelegde uien:

- 1 rode ui

- 1 C. tot c
- 100 ml rode wijnazijn

VOORBEREIDING

1. Voor de gemarineerde uien: schil de rode ui, snijd ze in ringen en doe ze in een grote kom.
2. Bedek de uien met vers gekookt water en laat ze 5 minuten trekken.
3. Giet vervolgens de uien af, spoel ze af met koud water, voeg het zout toe en bedek ze met rode wijnazijn. Laat 20 minuten marineren.
4. Om de open sandwiches te bereiden, besmeer je elk sneetje brood met veganistische mayonaise en beleg je ze met twee plakjes Quorn Vegan Smoky Ham Free en twee plakjes Violife Epic Mature Cheddar Flavour Block.
5. Snijd de appel in dunne plakjes. Voeg ze toe aan elke sandwich met een theelepel Plowman's augurk.
6. Giet de ingelegde uien af, doe ze op elke sandwich en garneer met waterkers.

7. VEGAN HAM QUORN ROLLEN EN KAASVERVANGER

Ingrediënten

- 8 plakjes Veganistische Rokerige Ham Gratis Quorn
- 4 plakjes Violife Smoky Cheddar Flavour
- 150 g Violife Romige Originele Smaak
- 2 tortillawraps
- Een handvol gehakte verse bieslook
- 1 lente-ui, gehakt voor garnering

Voorbereiding

1. Doe Violife Romige Smeerbare Kaasvervanger in een kom. Meng de fijngehakte bieslook erdoor.

2. Verdeel de bieslookcrème gelijkmatig over de tortilla's.
3. Leg een plakje Quorn Smoky Ham Free op de smeerkaas in het midden van de tortilla en voeg vervolgens een plakje Violife Smoky Cheddar Flavour toe. Herhaal dit met de rest van de tortilla.
4. Rol alles strak op tot een wrap en snijd het in 3 stukken.
5. Serveer gegarneerd met fijngesneden lente-uitjes.

8. QUORN VEGAN NUGGET TORTILLA

ROLLEN

Ingrediënten

- 200 g Quorn Veganistische Nuggets
- 2 grote maaltijdtortilla's
- 70 g verse veganistische kaas
- ½ geraspte wortel
- 45 g suikermaïs
- 1/3 fijngesneden rode paprika

Voorbereiding

1. Kook de vegan nuggets volgens de aanwijzingen op de verpakking.
2. Verdeel het volkorenmeel gelijkmatig met roomkaas. Verdeel de geraspte wortel, zoete

maïs en rode paprika over de tortilla's en plaats 5 vegan Quorn nuggets in het midden.
3. Wikkel de tortilla's stevig in, snijd de uiteinden af, snijd elke tortilla in 8 stukken en serveer.

9. QUORN WORSTWRAPS

Ingrediënten

- 5 Quorn Vegetarische Chipolata's
- 2 eetl. naar s. boter
- ½ kleine rode kool, in dunne plakjes gesneden
- 2 eetl. naar s. rietsuiker
- 1 rode appel, in dunne plakjes gesneden
- 3 eetl. naar s. balsamico azijn
- 1 C. tot c. Nootmuskaat
- 50 ml water
- 5 tortillawraps
- 5 c. bij s. van cranberrysaus
- 100 g rucolablaadjes
- 160 g brie, in plakjes gesneden

VOORBEREIDING

1. Verwarm de oven voor op 190°C / thermostaat 5.
2. Smelt de boter in een grote pan op middelhoog vuur. Voeg de rode kool toe en week alle bladeren in de gesmolten boter. Bak zachtjes gedurende 5 minuten.
3. Voeg de suiker, appelschijfjes, azijn en nootmuskaat toe. Meng goed voordat u het afdekt en laat sudderen. Voeg na 15 minuten het water toe en kook op laag vuur, onder regelmatig roeren, nog eens 15 minuten, tot de kool gaar is.
4. Bak ondertussen de Quorn vegetarische worstjes goudbruin volgens de aanwijzingen op de verpakking. Laat afkoelen.
5. Verdeel een eetlepel cranberrysaus op elke tortilla en voeg vervolgens een eetlepel gestoofde kool toe. Bestrooi met rucola en leg er een hele worst op, evenals de plakjes brie. Rol de tortilla op tot een strakke wrap.
6. Snijd elke wrap in 4 stukken en zet vast met tandenstokers of snij doormidden en serveer op een bord met rucola.

10. QUORN VISVRIJE STICKS WRAP BITES

INGREDIËNTEN
- 1 pakje Quorn Visvrije Sticks
- 3 eetl. naar s. lichte veganistische mayonaise
- 3 eetl. naar s. ketchup
- 5 grote volkoren tortilla's
- 2 grote ijsbergsaladeblaadjes, in dunne reepjes gesneden

VOORBEREIDING
1. Kook de Quorn Veganistische Visvrije Sticks volgens de aanwijzingen op de verpakking.
2. Meng de mayonaise en ketchup in een kom. Verdeel dit mengsel over de 5 tortilla's en vervolgens de ijsbergsla. Plaats 2 Quorn Veganistische Visvrije Sticks op elke wrap en rol ze op. Snijd de uiteinden van elke wrap af en snijd ze in 3 gelijke delen.

11. VEGAN QUORN STOKJE MET KIPCURRY SALADE

INGREDIËNTEN

- 375 g veganistische kipsalade in Quorn Curry-stijl
- 2 stokbroden
- 50 g mesclun
- 16 cocktailtomaatjes
- Verse basilicum
- Zwarte peper

VOORBEREIDING

1. Snijd de baguettes doormidden en vervolgens horizontaal om de vulling te plaatsen.
2. Vul ze met salade, vegan curry kip-stijl Quorn en gehalveerde cocktailtomaatjes.
3. Breng op smaak met verse basilicum en zwarte peper.

12. HETE LUCHT GEBRADEN QUORN VEGAN NUGGET TACOS EN CHIMICHURRI

INGREDIËNTEN

- 1 pakje Quorn veganistische nuggets
- 3/4 kop fijngehakte verse koriander
- 1/4 kop olijfolie
- 1 C. tot c. limoenschil
- 1/4 kopje limoensap
- 1 jalapeñopeper, geschild en in fijne blokjes gesneden
- 1 teentje knoflook, gehakt
- 1/2 theelepel. naar c. gedroogde oregano
- 1/2 theelepel. naar c. zout
- 6 maïstortilla's (15 cm), opgewarmd

- 1 avocado, geschild, ontpit en in blokjes gesneden
- 1/3 kopje gehakte rode ui

METHODE

1. Zet de heteluchtfriteuse op 200°C volgens de bereidingswijze van de fabrikant. Vet de frituurmand rijkelijk in. Plaats de Quorn vegan nuggets in 2 batches in het mandje (zonder het te veel te vullen). Bak ze, na 5 minuten draaien, gedurende 10 tot 12 minuten of tot ze goudbruin zijn.
2. Maak ondertussen de chimichurrisaus door de koriander, olijfolie, limoenschil, limoensap, jalapeñopeper, knoflook, oregano en zout te mengen.
3. Serveer de nuggets in de tortilla's met avocado, chimichurri en rode ui.

13. VEGAN QUORN PÂTÉ APERITIEFSNACKS

INGREDIËNTEN

- 250 g veganistische Quorn-paté
- 120 g crostini
- 200 gram stokbrood
- 200 gram roggebrood
- Erwten schieten
- Kerstomaatjes
- Verse kruiden
- Peper

VOORBEREIDING

1. Snij het stokbrood in plakjes en het roggebrood in driehoekjes.
2. Snij de kerstomaatjes doormidden.
3. Bestrijk met vegan Quorn-paté en garneer met erwtenscheuten, kerstomaatjes, chilipepers en verse kruiden.

14. QUORN ZUIDELIJKE STIJL VEGETARISCH BURGERWRAPS

INGREDIËNTEN

- 1 pk. Van Quorn Zuiderse Vegetarische Burgers
- 2 tortilla's
- 1 handvol sla, in reepjes gesneden
- 2 tomaten, in blokjes gesneden
- Romige Pepersaus:
- 125 ml mayonaise, light indien beschikbaar
- ½ theelepel. naar c. zwarte peper
- 1 C. tot c. citroensap

VOORBEREIDING

1. Kook Quorn Zuiderse Stijl Vegetarische Burgers volgens de aanwijzingen op de verpakking.
2. Meng de mayonaise met de zwarte peper en het citroensap.
3. Verdeel 1 tot 2 eetlepels romige pepersaus op een verwarmde tortilla.
4. Schik de slareepjes en de tomatenblokjes in het midden van de tortilla en garneer de salade met warme Southern Style Burgers van Quorn. Rol en geniet!

15. QUORN VEGETARISCH GEHAKTE BURRITO, ZOETE AARDAPPEL, ZWARTE BONEN EN CHIPOTLE PEPER

INGREDIËNTEN

Voor de zoete aardappel:

- 1 zoete aardappel, geschild en in blokjes van ongeveer 2,5 cm gesneden
- 1 C. tot s. olijfolie
- 1 C. tot c. chipotle pepervlokken
- 1 C. tot c. gerookte paprika

Voor de chili:

- 2 pakjes Quorn Vegetarisch Gehakt
- 1 C. tot s. olijfolie

- 1 witte ui, fijngehakt
- 4 teentjes knoflook, geperst
- 1 C. tot c. gemalen komijn
- 1 C. tot c. gemalen koriander
- 1 C. tot c. gerookte paprika
- 2 eetl. naar c. chipotle peperpasta
- 400 g tomatenblokjes
- 1 C. tot s. tomatenpuree
- 400 g zwarte bonen uit blik, uitgelekt
- Zout en peper (naar smaak)

Voor de salsasaus:

- 200 g kerstomaatjes
- ¼ ui, fijngehakt
- ½ grote rode paprika, zonder zaadjes en fijngehakt
- 1 C. tot c
- Zout en peper (naar smaak)

Om te serveren:

- 4 grote volkorenmeeltortilla's
- 200 g gekookte langkorrelige rijst
- Verse koriander, gehakt
- IJsbergsla
- Avocado in plakjes gesneden
- Geraspte kaas
- Zure room of crème fraîche

VOORBEREIDING

1. Verwarm de oven voor op 180 °C / thermostaat 4. Schik de in blokjes gesneden zoete aardappelen op een bakplaat en voeg de olijfolie, de gerookte paprika en de chilivlokken toe. Bak halverwege gedurende 20 minuten. Maak ondertussen de chili klaar.
2. Giet de olie in een koekenpan en verwarm deze op een bord op middelhoog vuur. Voeg de uien toe en bak 2-3 minuten. Voeg de knoflook en de komijn, koriander, gerookte paprika en chili toe en kook nog 2 minuten. Voeg als laatste de tomatenblokjes, de tomatenpuree en het Quorn-gehakt toe. Kook gedurende 10 minuten.
3. Haal ondertussen de zoete aardappel uit de oven. Voeg de zwarte bonen en de geroosterde zoete aardappel toe aan de chili en kook nog eens 5 minuten. Haal van het vuur.
4. Om de salsasaus te bereiden, combineert u alle ingrediënten in een kom en zet u deze opzij.
5. Verwarm vier grote volkoren tortilla's onder de grill of in een koekenpan op laag vuur om de burrito's te bereiden. Leg ze vervolgens plat neer en verdeel gelijkmatig de rijst,

koriander, chili, salsasaus, sla, avocado, geraspte kaas en room. Om de burrito te vouwen, vouwt u één kant over het midden van de burrito en vouwt u deze stevig met uw vingers zodat er een rol rond de vulling ontstaat. Vouw elke kant naar het midden van de burrito en rol hem vervolgens op totdat hij strak zit. Plaats de naad van de twee randen naar de plaat gericht. Snijd de burrito doormidden voordat je hem serveert.

16. VEGETARISCHE BURRITO'S

INGREDIËNTEN

- 6 Quorn Vegetarische Chipolata's
- ½ theelepel. naar s. lichte margarine
- 8 middelgrote vrije-uitloopeieren, losgeklopt
- ¼ theelepel. naar c. zout
- ¼ theelepel. naar c. zwarte peper
- 4 volkoren wraps
- 40 g gewassen babyspinazie
- 2 avocado's, geschild, ontpit en in plakjes gesneden
- 100 g kerstomaatjes, gehalveerd

VOORBEREIDING

1. Kook de Quorn Chipolatas volgens de aanwijzingen op de verpakking. Snij elke worst in 4 en zet opzij.
2. Verhit een koekenpan op middelhoog vuur. Voeg de margarine toe. Zodra het gesmolten is, giet je de losgeklopte eieren, zout en peper erbij. Kook de eieren, onder voortdurend roeren, tot het mengsel dikker wordt en roert. Haal van het vuur en zet opzij.
3. Verwarm de wraps in een koekenpan en leg ze op een schone snijplank of aanrecht. Beleg elke wrap met spinazie, avocado, kerstomaatjes, roerei en plakjes Quorn chipolata. Rol op en vouw om te sluiten.

17. IN DOOFDOKJES QUORN FAJITAS MET MANGOSAUS

INGREDIËNTEN

- 175 g vegetarische Quorn
- 1 C. tot s. plantaardige olie
- ½ gesnipperde ui
- ½ rode paprika, fijngehakt
- 1 teentje knoflook, geperst
- ½ theelepel. naar c. Paprika
- ½ theelepel. naar c. chilivlokken
- ½ theelepel. naar c. chili poeder
- ½ theelepel. naar c. gemalen komijn
- ½ theelepel. naar c. gemalen koriander
- Een halve limoen, schil en sap
- Saus
- ½ mango, fijngesneden

- ½ rode ui, gehakt
- ¼ van c. naar c. citroensap
- 2 eetl. naar c. mangochutney
- ½ rijpe avocado, geschild, ontpit en in plakjes gesneden
- 2 verwarmde tortilla's
- Verse koriander, gehakt

VOORBEREIDING

1. Verhit de plantaardige olie in een grote koekenpan met antiaanbaklaag. Bak de Quorn-blokjes gedurende 5 minuten, of totdat ze bruin beginnen te worden. Voeg de uien en paprika toe en kook 5 minuten of tot ze zacht zijn. Voeg de knoflook toe,
2. gedroogde kruiden en limoen. Meng nog 5 minuten zodat de uien gaar zijn.
3. Meng de mango, rode ui en mangochutney in een slakom. Dek af en plaats in de koelkast.
4. Leg in elke wrap ongeveer 5 plakjes avocado met een klodder fajitamix. Giet er de mangosaus over en bestrooi met verse koriander.
5. Vouw de tortilla stevig dicht en wikkel hem in plasticfolie als tussendoortje of serveer met een salade en knapperige aardappelpartjes.

18. VEGAN ROKERHAM GRATIS PLAKJES QUORN STOKJE

INGREDIËNTEN

- 3 plakjes Quorn Veganistische Rokerige Ham Gratis Plakjes
- Stokbrood van 15 cm
- 3 plakjes kaas
- 1 tomaat
- Salade bladeren

VOORBEREIDING

1. Snijd het stokbrood doormidden en verdeel de margarine.
2. Snij de tomaat in plakjes en spoel de salade af.
3. Beleg het stokbrood met kaas, Quorn Vegan Smoky Ham Free Slices, tomaat en salade.

19. BAGEL MET CASHEWCRÈME EN GEMARINEERDE WORTEL

Ingrediënten

- bagelbroodjes - 4
- wortelen - 3
- rode ui - 1
- cashewnoten - 200 (g)
- sojayoghurt - 1
- rucola - 1 (handvol)
- tomaten - 1
- komkommer - 0,25
- citroen - 1
- bieslook
- sojasaus - 5 (cL)

- neutrale olie - 5 (cL)
- zout
- peper

Voorbereiding

1. Bereiding van de wortels: Schil ze en kook ze in de oven, geheel op een bakplaat met bakpapier, gedurende 30 minuten op 160 ° C. Ze moeten goed smelten. Als ze gaar en afgekoeld zijn, snijd je ze in de lengte in dunne reepjes. Laat ze een nacht (of minimaal 3-4 uur) marineren in de olie, sojasaus en citroensap.
2. Bereid de cashewcrème: Week de cashewnoten een nacht in water, of kook ze 15 minuten in kokend water in een pan. Giet af en meng met de sojayoghurt. Breng op smaak met peper en zout (en citroensap naar smaak).
3. Pel de rode ui, snijd deze in dunne ringen en maak de ringen los. Snijd de bieslook. Snijd de tomaat of komkommer, als je die hebt, in plakjes.
4. Rooster je bagelbroodjes. Besmeer beide kanten met cashewroom, voeg rucola, gemarineerde wortelen, eventueel rauwe groenten en een beetje bieslook toe. Het is klaar!

20. VEGANISCHE HOTDOGS

Ingrediënten

- hotdogbroodjes - 4
- gekookte rode bonen - 200 (g)
- paneermeel - 80 (g)
- tomaten - 1
- erfgoedtomaten - 3
- Rode ui
- ketchup
- Veganistische mayonaise
- olijfolie
- Paprika
- Cayennepeper
- zout
- peper

Voorbereiding

1. Meng de bruine bonen met zout en kruiden. Reserveer in een doodlopende straat.
2. Pel de rode ui en snijd de helft in kleine blokjes. Snijd ook je normale tomaat in dunne plakjes en voeg alles toe aan je rode bonenmengsel.
3. Werk af met paneermeel om consistentie te krijgen en vorm 4 worsten.
4. Bereid rauwe groenten: snijd je erfstuktomaten in blokjes en meng ze met een snufje zout. Snijd de andere helft van de ui in dunne reepjes.
5. Kook de rode bonenworstjes in een hete pan met een beetje olie, zodat ze goudbruin zijn.
6. Rooster je hotdogbroodjes en garneer ze met ketchup en/of mayo, rode bonenworst en rauwe groenten.

21. SANDWICH MET VEGANSE MAYONAISE IN TONIJNSTIJL

Ingrediënten

- sla - 4 (blaadjes)
- sandwichbrood - 8 (sneden)
- peper
- zout
- verse bieslook - 0,25 (bosje)
- balsamicoazijn - 1 (eetlepel)
- veganistische mayonaise - 125 (ml)
- gekookte maïs - 130 (g)
- gekookte kikkererwten - 260 (g)

Voorbereiding

1. In een slakom: plet de kikkererwten met een pureebreker. Het hoeft niet perfect geplet te worden, dat is aan jou!
2. Voeg de mayonaise en maïs toe. Voeg vervolgens de azijn en de gehakte bieslook toe. Breng op smaak met zout en peper.
3. Leg de vulling en de sla op je sneetjes brood. Sluit je boterhammen en snijd ze in 4! Het is klaar!

22. LOOPENDE MAGE EN SPINAZIE SANDWICH

Ingrediënten voor 4 broodjes:

- 8 sneetjes brood
- 1 kop babyspinazie
- Gekarameliseerde uien met tijm
- 100 g ongezouten, ongebrande cashewnoten
- 25 g tapiocazetmeel (te vinden in biologische winkels)
- sap van 1/2 citroen
- 2 eetl. naar s. gemoute gist
- 1/2 theelepel. naar c. knoflook poeder
- 1/2 theelepel. naar c. zout
- 1/2 theelepel. naar c. witte peper
- 180 ml water

Voorbereiding:

1. Week de cashewnoten de dag ervoor.
2. Giet de cashewnoten af en doe ze samen met de rest van de ingrediënten in de blender. Meng tot een homogeen en glad mengsel ontstaat.
3. Doe het resulterende mengsel in een kleine pan en kook 2-3 minuten op middelhoog vuur tot de maag dikker wordt. Roer tijdens het koken voortdurend met een garde, zodat het niet blijft plakken. De bereiding moet er een beetje plakkerig uitzien.
4. Rooster sneetjes brood, bedek met een mooi laagje kaas, gekarameliseerde uien en babyspinazie, of je favoriete ingrediënten. Geniet van je lunch

23. VEGAN CLUBSANDWICH

Ingrediënten voor 4 broodjes:

- 12 sneetjes volkoren broodkruimels
- plantaardige mayonaise
- 2-3 tomaten
- 1 komkommer
- dun gesneden gemengde sla- of ijsbergslablaadjes
- 150 gram tofu
- Voor de groentemayonaise:
- 100 ml sojamelk
- zonnebloemolie
- 1 eetlepel mosterd
- 1/2 citroen
- 1 snufje zout

- optioneel: 1 snufje kurkuma

Bereiding van groentemayonaise

1. Klop de sojamelk op met een elektrische garde en voeg voorzichtig de olie toe tot het mengsel dikker wordt. Voeg de mosterd, citroen en kurkuma toe. Zout.

Bereiding van sandwiches

2. Verhit een beetje olijfolie in een pan. Snij de tofu in plakjes en bak ze bruin in de pan met een beetje sojasaus. Schil de komkommer, zout en laat hem 20-30 minuten in een vergiet uitlekken. Grondig spoelen.
3. Was de tomaten en snijd ze in plakjes.
4. Meng de slablaadjes in een diep bord met een beetje mayonaise.
5. Rooster de sneetjes sandwichbrood.

Zo stel je de sandwich samen:

1. Leg de mayonaise, aangebraden tofu, plakjes tomaat en komkommer op twee sneetjes brood. Leg de sneetjes op elkaar en sluit de sandwich af met een derde sneetje paneermeel. Snij de sandwich diagonaal door zodat je 2 driehoeken krijgt en doe hetzelfde om de andere sandwiches samen te stellen. Ik vergezelde de kleine

sandwiches met rozemarijnaardappelen met de plakjes tomaat en komkommer die ik nog over had. Zelfs de kinderen aten de salade, dat zegt genoeg!

24. CLUB SANDWICHES - EEN SUPER GOURMET 100% GROENTE RECEPT!

Ingrediënten voor 3 clubsandwiches:

- 9 sneetjes volkorenbrood, of brood naar keuze
- 15 plakjes veganistisch spek
- 300 g stevige witte tofu
- 2 eetl. naar s. sojasaus
- 1 C. tot c. Kurkuma
- 1 C. tot c. zwart Himalayazout Kala Namak
- Peper
- 2 eetl. naar s. olijfolie
- Keuze uit groene slablaadjes (liefst zeer groene bladeren)
- 1 geraspte wortel
- 3 tomaten

- Veganistische mayonaise
- Mosterd

Voorbereiding:
1. Roerei: verkruimel de tofu met een vork.
2. Verhit de olijfolie in een pan en giet de verkruimelde tofu met de sojasaus, kurkuma, zwart zout en een beetje peper. Meng en laat twee minuten op laag vuur staan.
3. Was de slablaadjes, was en snijd de tomaten in plakjes, schil en rasp de wortel.
4. Verwarm de sneetjes brood.
5. Voeg 1 theelepel toe. naar c. mosterd in mayonaise, goed mengen. Verdeel de mosterdmayonaise over 6 sneetjes brood.
6. Verdeel de salade en een beetje wortel op elk plakje.
7. Bestrijk met roerei.
8. Verdeel 2 plakjes groentespek over de eieren.
9. Voeg een paar plakjes tomaat toe en een lekker scheutje mayonaise.
10. Leg twee gegarneerde plakjes op elkaar en sluit af met een derde plakje. Snij de broodjes diagonaal door met een goed mes en serveer.

25. TOFU CLUB SANDWICH IN BACON-STIJL EN PUTIGNANO-WANDELING

Ingrediënten

- 200 g pure, stevige tofu
- 3 eetl. aan s
- 2 eetl. naar soja- of tamarisaus (glutenvrij)
- 2 eetl. tot agavesiroop
- 1 C. tot c
- 1/2 theelepel. tot c. knoflookpoeder

Voor 2 personen:

- 4 sneetjes volkorenbrood
- 2 eetl. naar s. basilicumpesto
- 2 handenvol groene slablaadjes

- 1/2 komkommer
- 1 C. tot c. sesamzaadjes
- Peper

Voorbereiding:

1. Knijp hard in de tofu, zodat al het water vrijkomt. Laat ongeveer 20 minuten onder een gewicht staan. De tofu neemt dan de smaken van de marinade beter over. Snij de tofu in een tofublok in 4 plakjes.
2. Bereid de marinade door olijfolie, sojasaus, siroop, paprika en knoflook te mengen.
3. Schik de tofuplakken in een schaal en besprenkel rijkelijk met de marinade. Bewaar wat marinade in de kom. Laat 30 minuten aan één kant staan, draai om en laat nog eens 30 minuten staan.
4. Bak de tofu plakjes op 210°C gedurende 20 minuten. Halverwege de bereiding keren.
5. Samenstellen van de sandwiches: verdeel de pesto over twee sneetjes toast en bedek met slablaadjes... ..leg er twee plakjes tofu op. Bedek met plakjes komkommer en bestrooi met sesamzaadjes. Breng op smaak met peper en sluit de broodjes.
6. Snij elk broodje diagonaal door en geniet ervan!!

26. GEGRILDE TOFU CLUBSANDWICH

Ingrediënten

voor de tofu

- ahornsiroop - 1 (eetlepel)
- olie - 2 (eetlepels)
- sojasaus - 3 (eetlepels)
- stevige tofu - 150 (g)
- sandwichbrood - 6 (sneden)
- mosterd - 1 (eetlepel)
- veganistische mayonaise - 2 (el)
- veganistische kaas - 2 (plakjes)
- tomaten - 2
- sla - 4 (blaadjes)

Voorbereiding

1. Bereid de tofu: snijd hem in dunne plakjes. Meng de sojasaus, olie en ahornsiroop in een

koekenpan. Verwarm op hoog vuur. Als het mengsel kookt, voeg je de tofu-plakken toe. Kook ze ongeveer 4 minuten aan elke kant, zodat ze goudbruin zijn en het vocht is verdampt.
2. Rooster je sneetjes brood.
3. Snij de tomaten in plakjes en hak de sla een beetje fijn.
4. Om je clubsandwiches samen te stellen: wissel sneetjes sandwichbrood af belegd met mosterd en vegan mayonaise, tomaten, sla, gesneden vegan kaas en plakjes gegrilde tofu. Snij de boterhammen in vieren.

27. KIKKERERWTEN TONIJN - SANDWICH

Ingrediënten

- 1 blik middelgrote kikkererwten
- 4 eetl. eetlepels gekochte of zelfgemaakte vegan mayonaise
- 1/2 lente-ui of sjalot
- 1 stuk selderij
- 1 handje verse bieslook
- 1 eetl. 1/2 theelepel visserszeewier
- zout, peper, nootmuskaat
- seizoensgroenten
- 1/2 stokbrood

Voorbereiding

1. Plet de kikkererwten grof met een vork: het doel is niet om puree te krijgen.
2. Snijd de bleekselderij en je groenten in dunne plakjes: ze geven de sandwich frisheid. Afhankelijk van het seizoen tomaten of een beetje rode kool!
3. Meng de kikkererwten met de mayonaise, zeewier, zout, peper en nootmuskaat en de visserssalade (optioneel maar geeft een zeesmaak aan het mengsel). Zet het mengsel minimaal een half uur in de koelkast, zodat het mengsel goed koel is.
4. Snij een mooie traditie doormidden, bestrijk met mayonaise en garneer!

28. GEZONDE VEGAN SANDWICHE

Ingrediënt

- 300 g jonge jackfruit, naturel of gepekeld
- 1 ui
- 1-2 teentjes knoflook
- 1/2 blokje groentebouillon
- 1/2 theelepel gemalen komijn
- 1/2 theelepel gerookt paprikapoeder
- Barbecuesaus (ongeveer 80-100 ml)
- 1 eetlepel ongeraffineerde rietsuiker
- Olijfolie
- Zout, peper
- 2 rollen
- Rucola of slablaadjes

- Huisgemaakte yoghurtsaus (plantaardige yoghurt + mosterd + kruiden)
- of veganistische mayonaise

Voorbereiding

1. Spoel je stukjes jackfruit zorgvuldig af (vooral bij een blikje gepekeld) en laat ze goed uitlekken. Je kunt ze beginnen te pureren met een vork om de zachtere vezels te scheiden.
2. Verhit een beetje olijfolie in een koekenpan en fruit de gesnipperde ui en knoflook enkele ogenblikken.
3. Giet de stukjes jackfruit erbij, bestrooi met paprikapoeder en komijn en bak een paar minuten zodat de stukjes goed bedekt zijn en ze lichtbruin beginnen te worden.
4. Voeg het 1/2 bouillonblokje en een heel klein beetje water toe en meng goed. Breng aan de kook en laat een paar minuten sudderen, af en toe roeren zodat de vloeistof indikt. Nu de stukken zachter zijn, kun je het geheel nog eens fijnpraken met een vork voor een rafeliger effect.
5. Voeg ten slotte de suiker en de barbecuesaus toe: meng goed zodat het geheel bedekt is en laat opnieuw ongeveer 15

minuten sudderen, terwijl u regelmatig roert om de hele bereiding te beperken.
6. Als het koken klaar is, serveer je je pulled jackfruit in broodjes met daarop rucola met een beetje yoghurtsaus of mayonaise, en eventueel vergezeld van gebakken aardappelen. Het is klaar!

29. CLUBSANDWICH ZOALS EEN TONIJNMAYO! [VEGETARISCH]

Ingrediënten:

- 1 klein blik witte bonen of kikkererwten (250 g uitgelekt)
- 2 eetlepels mayonaise
- 1 theelepel mosterd
- 1 sjalot, gehakt
- 1 eetlepel citroensap
- 1 theelepel gehakte kappertjes (optioneel)
- 1 theelepel gehakte dille (optioneel)
- 1 theelepel Amerikaanse augurken, in kleine stukjes gesneden (optioneel)

- Zout, peper, chili
- Rauwe groenten (salade, tomaat, gekiemde zaden, geraspte wortelen, komkommer…)
- 4 sneetjes volkorenbrood

Voorbereiding

1. Spoel de witte bonen/kikkererwten af en laat ze uitlekken.
2. Pureer ze met een vork of aardappelstamper, maar laat stukjes achter.
3. Meng alle ingrediënten: mayonaise, mosterd, sjalot, citroensap, kappertjes, dille, augurken…
4. Proef en breng eventueel op smaak met zout, peper en chili.
5. Rooster de sneetjes brood.
6. Stel de broodjes samen met de rauwkost!
7. Je kunt het mengsel van tevoren klaarmaken, het wordt alleen maar lekkerder, je hoeft de sandwich alleen op het laatste moment in elkaar te zetten.

30. TOMAAT EN KOMKOMMER SANDWICH CAKE MET BASILICUM

Ingrediënten (voor ongeveer 6 personen)

- 5 Zweedse broden
- 300 g verse Philadelphia-kaas
- 300 g kwarkblanc
- ½ komkommer
- 1 ronde tomaat
- Kerstomaatjes (in verschillende kleuren) en radijs om te versieren
- Een klein bosje bieslook en basilicum
- Zout- en pepermolen

Voorbereiding:

1. Meng de kazen in een slakom, zout en peper.
2. Doe de helft van de bereiding in een andere kom om de basilicum fijn te hakken.
3. Snijd de ronde tomaat in kleine blokjes en de geschilde komkommer in dunne plakjes (met een mandoline is dat snel en praktisch).
4. Leg een Zweeds brood op je serveerbord, besmeer met kaas en basilicum, schik de helft van de in blokjes gesneden tomaten.
5. Herhaal de laagjes brood, kaas, plakjes komkommer, enzovoort, behalve het laatste brood.
6. Zodra de verschillende lagen gevormd zijn, bestrijk je de sandwich geheel met de andere slakom met kaas (zonder de basilicum).

7. Versier de bovenkant met kerstomaatjes, plakjes radijs en kleine blaadjes basilicum en bestrijk de rand met bieslook (dit is het langste).
8. Reserveer in de koelkast.
9. Het is beter om het niet de dag ervoor klaar te maken om de broden te laten weken.

31. BROODJE KIP EN FRIET MET MOSTERDSAUS (VEGAN)

Ingrediënt

- 1 notenbroodje
- 2 blaadjes sla (sla)
- Mosterd saus
- 1 groente gepaneerde kipfilet - 100 gr (Viana)
- 2 plakjes plantaardige kaas (Cheddar - Tofutti)
- Matchstick frietjes
- Zout, peper (naar smaak)

Voor de mosterdsaus (ongeveer 25 cl):

- 20 cl plantaardige kookroom (haver, soja, rijst)
- 1 eetlepel aardappelzetmeel
- 2 eetlepels mosterd
- Zout, peper (naar smaak)
- 1/2 theelepel kerriepoeder
- 1 theelepel witte wijn

Voorbereiding

1. Meng de groenteroom met het aardappelzetmeel, de mosterd, het zout, de peper, de kerrie en de witte wijn in een pan.
2. Zet de pan op een laag vuur en meng met een handgarde tot het mengsel dikker wordt. Haal van het vuur en laat de saus volledig afkoelen om een spuitzak te garneren.

Voor de boterham:

1. Haal de gepaneerde kipfilet in een pan met een beetje olijfolie zodat deze goudbruin is.
2. Snijd het brood doormidden.
3. Leg de 2 slablaadjes op het onderste deel van het brood.
4. Bestrijk de salade met de mosterdsaus met behulp van de spuitzak.
5. Leg vervolgens de goed gebruinde gepaneerde kipfilet, in tweeën gesneden (kruislings).

6. Leg 2 plakjes Cheddarkaas op de kip.
7. Werk af met zeer hete luciferfrietjes, peper en zout (naar smaak), opnieuw mosterdsaus en sluit de sandwich af met het andere deel van het brood.

32. BROODJE MET GEPANEERDE VISVINGERS EN TARTAARSAUS (VEGAN)

Ingrediënt

- 1 ontbijtgranenbroodje
- 2 eetlepels tartaarsaus
- 3 gepaneerde groentevissticks
- 1 plakje plantaardige kaas
- 2-3 slablaadjes (blonde eik)

Voor de tartaarsaus (voor 190 gr):

- 1 potje groentemayonaise
- 1 theelepel citroensap
- 1 eetlepel mosterd
- 2 eetlepels fijngehakte augurken
- 1 eetlepel gehakte kappertjes
- 1 eetlepel gehakte verse bieslook

- Zout, peper (naar smaak)

Voorbereiding

1. Meng alle ingrediënten krachtig met een handgarde.

Voor de boterham:

2. Doe de gepaneerde vissticks in een pan met een beetje olijfolie, zodat ze goudbruin zijn.
3. Snijd het brood doormidden.
4. Bestrijk de bodem van het brood met een laagje tartaarsaus.
5. Leg de 3 gepaneerde vissticks erop.
6. Beleg de vis met een plakje kaas en een tweede laag tartaarsaus.
7. Werk af met een paar eikenbladeren en sluit de sandwich af met het andere deel van het brood.

33. ULTRA SNELLE EN GEZONDE SANDWICH

Ingrediënt

- 1 kleine gluten
- gratis sesam-papaver stokbrood - 2 kleine verse champignons
- 1 handvol jonge scheuten
- 3 of 4 gekonfijte tomaten
- 1 handvol pijnboompitten
- Tartimi van knoflook en fijne kruiden
- 1 scheutje plantaardige melk

Voorbereiding

1. Snijd het brood in de lengte door, doe het in de broodrooster en laat afkoelen.
2. Meng intussen 1 ronde eetlepel tartimi met een scheutje plantaardige melk en klop

krachtig tot een saus, niet te vloeibaar en niet te dik, en zet opzij.
3. Besmeer het brood met Tartimi, doe de jonge scheuten op de helft van het brood en voeg een beetje saus toe.
4. Borstel de champignons, verwijder de steeltjes, snijd de champignons in dunne plakjes en leg ze op de salade.
5. Voeg de saus toe aan de champignons.
6. Snijd de gekonfijte tomaten in stukjes, voeg de pijnboompitten toe en voeg de rest van de saus toe.
7. Sluit het broodje en geniet ervan!

34. HUMMUS SALADE VOOR DE WINTERSANDWICH [VEGAN]

Ingrediënt

Voor de hummussalade

- 35 g gekookte kikkererwten
- 4 eetlepels hummus
- 2-3 eetlepels vers geperst citroensap (afhankelijk van je smaak/gewenste textuur)
- 2 kleine lente-uitjes (verse ui)
- 1 kleine wortel (of ½ grote)
- 1 theelepel mosterd
- Van Espelette
- Een snufje fijn zout

Voor de boterham

- 2 sneetjes sandwichbrood (met ontbijtgranen)

- ½ kleine rauwe biet
- van augurken
- Van gomasio (optioneel)
- Cherrytomaat (geen seizoen maar ik kan haast niet zonder!;)

Het bereiden van de salade

1. Maak de wortel schoon (schil indien niet biologisch) en rasp hem. Maak de bosuitjes schoon en hak ze fijn.
2. Meng in een kom alle ingrediënten voor de hummussalade. Doseer het citroensap naar jouw smaak en de gewenste textuur. Je kunt eventueel verlengen met een beetje water; pas dan op dat u de smaak niet verliest en breng indien nodig opnieuw op smaak

Sandwich-montage

1. Rooster eventueel het tostibrood met de broodrooster. Maak de rode biet schoon, schil en rasp deze (zelfs biologisch, ik vind deze groente zo lastig schoon te maken dat ik hem liever schil).
2. Leg de helft van de hummussalade op een sneetje brood. Voeg de geraspte rauwe biet en augurken toe. Bestrooi met gomasio. Voeg de andere helft van de hummussalade toe.

3. Sluit de boterham af met het tweede sneetje boterham. Prik 2 tandenstokers aan beide uiteinden van de sandwich, snijd diagonaal door aan de andere twee uiteinden en plant de kerstomaat(en) op de tandenstoker(s).

35. KOMKOMMERSANDWICH VOOR APERITIEF

Ingrediënten (voor ongeveer vijftien boterhammen)

- 15 sneetjes witbrood
- 1 komkommer
- 150 g slagroom
- Dille roomkaas
- Zout, peper

Voorbereiding:

1. Doe de opgeklopte kaas in een kom met de gehakte dille.
2. Zout, peper en meng goed.
3. Schil de komkommer en snijd hem in stukken ter hoogte van de koekjesvormer.

4. Snijd de secties in de lengte in plakjes.
5. Maak met een uitsteekvormpje de gewenste vormpjes in de plakjes komkommer en sneetjes brood (2 vormpjes per sneetje).
6. Verdeel het brood en leg de komkommer in het midden.
7. Verdeel uw sandwiches op uw presentatiebord en zet ze in de koelkast.
8. Komkommersandwich als aperitief
9. Bewaar de broodkruimels voor het maken van paneermeel en de randen van de plakjes voor het maken van croutons.

36. POLAR BROOD EN GROENTE ZALM BROODJES

Ingrediënt

- 1 pakje poolbrood
- 1 potje Sour Supreme Tofutti verse room
- 1 pakje plantaardige zalm
- lente-uitjes (vers uit de tuin)
- 1 mini-komkommer (die van zijn voet is gevallen)
- zout peper

voorbereiding

1. Smeer verse tofutticrème op uw sneetjes poolbrood, het heeft de bijzonderheid dat het erg dik is, neem anders de nieuwe

producten die op de markt te vinden zijn met kruiden en soja.
2. Snij vervolgens je komkommer en uien, en verdeel dit over je spreads, zout en peper
3. leg je plakjes vegetarische zalm op het brood, snij diagonaal door en geniet ervan voor je computer (of tv).
4. Eet smakelijk.

37. MINI BAGUETTES MET ZADEN EN GRANEN

Ingrediënten voor 8 mini-baguettes:

- 1 kg BIOLOGISCH meel met zaden en granen
- (tarwemeel, roggemeel, speltmeel, boekweitmeel, sesamzaad, gierstzaad, bruin lijnzaad, zonnebloempitten)
- 4 zakjes droge bakkersgist van elk 5 gram
- 3 theelepels zout
- 500 ml lauw water

Voorbereiding

1. Doe de bloem en het zout van biologische zaden en granen in een kom en meng.

2. Maak een kuiltje en doe de gist in het midden ervan.
3. Giet het lauwe water erover en meng met een houten lepel gedurende 3 tot 4 minuten, tot het deeg een homogene bal vormt.
4. kneed het deeg vervolgens een beetje met de hand (dit is het deel waar ik van hou !!!)
5. leg een schone doek over de bodem van de kipkom en laat het deeg 30 minuten rusten op een warme plaats. (Ik heb mijn oven op de voorverwarmfunctie gezet om de warmhoudfunctie op 50 ° C te houden, dan was ik binnen 5 minuten binnen. Daarna legde ik mijn deeg te rusten in mijn gesloten oven)
6. vouw de 4 "hoeken" van je deeg terug en herhaal de handeling nadat je een kwartslag hebt gemaakt.
7. draai de deegbal om en laat opnieuw 45 minuten rijzen op een warme plaats.
8. Verwarm de oven voor op 210°C met een bakje water erin.
9. Verdeel ondertussen je deeg in 8 gelijke stukken deeg.
10. Neem een deeg, bebloem het indien nodig lichtjes en vorm het in de vorm van een mini-stokbrood.
11. herhaal de handeling voor elk stuk deeg.

12. plaats 4 mini-baguettes met zaden en granen op een bakplaat met antiaanbaklaag en de 4 andere op een 2e bakplaat.
13. Maak met de punt van een keramisch mes lichte inkepingen in de vorm van beugels in elk mini-stokbrood.
14. Maak elk mini-stokbroodje lichtjes nat met een siliconenborstel.
15. bak de 1e bakplaat op 210°C gedurende 30 minuten.
16. haal het eruit zodra het gaar is. Zet vervolgens de 2e bakplaat ook gedurende 30 minuten op 210 ° C.

38. KLEINE ENGELSE SANDWICH TROTS OP ZIJN SCANDINAVISCHE OORSPRONG

Ingrediënten

- Engels sandwichbrood
- komkommer
- dille
- vegetarische kaviaar (bij IKEA)
- Sint-Hubertus halfzout, of zacht + 1 snufje zout

Voorbereiding

1. verwijder de korst van het brood, je doet er niets mee (je katten zouden er dol op moeten zijn, toch? de mijne kwam toch als vissen in een aquarium tijdens de maaltijd),

besmeren met de Sint-Hubertus, bestrooien met dille, bestrijken met de groentekaviaar bovenop, bedek met plakjes komkommer (in de lengte gesneden), leg ook een sneetje brood helemaal uitgesmeerd terug! bovenop.

39. SPECIALE VEGETARISCH BROODJE

Ingrediënten:

- 6 sneetjes Harry's zacht 7-granenbrood
- 6 eieren.
- 10 cl melk
- Zout peper.
- 2 grote wortelen.
- 1 mooie courgette.
- 1 ui.
- 30 g boter.
- 2 eetlepels zonnebloemolie.
- 10 takjes bieslook.
- 1 mooie tomaat.
- 4 plakjes Emmentaler.

- 3 eetlepels mosterd naar keuze.

Voorbereiding

1. Was de courgette. Schil de wortels en uien. Rasp de wortels, courgette en ui met een grove rasp.
2. Smelt de boter in de pan met een eetlepel olie op redelijk hoog vuur. Voeg de groenten, zout en peper toe en kook, onder af en toe roeren, 5 tot 7 minuten.
3. Klop ondertussen de eieren los, voeg de melk toe. Snijd de bieslook. Roer alles. Giet over de groenten. Kook ongeveer 5 tot 8 minuten, roer één of twee keer.

Dressuur:

1. Snij de tomaat na het wassen in plakjes.
2. Verdeel de mosterd op 1 kant van elk sneetje brood. Leg op één van de plakjes 1 plakje Emmentaler en plakjes tomaat met een paar takjes bieslook. Leg het tweede plakje erop. Leg op dit plakje een portie omelet. Voeg het laatste sneetje Emmentaler en het laatste sneetje brood toe (de mosterdkant naar binnen).
3. Verhit een beetje olie in een grillpan. Leg de sandwich erop en bak hem ongeveer 5 minuten aan elke kant.

40. RUW, LAGE GI

Ingrediënt

- 60 gram walnoten
- 80 gram cashewnoten
- 50 g cacaopoeder
- 50 g geraspte kokosnoot
- 2 theelepel vanille-extract
- 60 ml agavesiroop

Voorbereiding

1. Doe alle ingrediënten in de kom van de keukenmachine en mix tot ze beginnen te combineren.
2. Vorm een bal van het deeg en rol deze met een deegroller uit tussen 2 vellen bakpapier

3. Vorm met behulp van een koekjesvormer de koekjes.
4. Bewaar in de koelkast terwijl de crème wordt bereid.

Kokos-aardbeiencrème:

- 1 doos van 400 ml kokosmelk, minimaal 1 nacht gekoeld bewaard (neem niet het licht mee!)
- 1 tien aardbeien
- 1 eetlepel fructose

Voorbereiding

1. Pureer de aardbeien en zet apart
2. Vang het vaste deel van de kokosmelk op en klop dit met de fructose tot slagroom.
3. Als de slagroom goed gemengd is, giet je ongeveer 80-100 ml aardbeienpuree erbij en blijf nog even kloppen.
4. Zet de aardbeienslagroom tien minuten in de vriezer (om het samenstellen van de broodjes te vergemakkelijken)
5. Voor het samenstellen van de broodjes zorg je voor ongeveer 1 à 2 tl aardbeiencrème per portie (dit hangt uiteraard af van de grootte van je koekjesvormpjes...). Bewaar ze in de vriezer en haal ze er 1 uur voor het eten uit.

6. De rest van de crème kan gebruikt worden als glazuur voor cupcakes, fruitdips... In de koelkast is hij 2 tot 3 dagen houdbaar.

41. VEGAN DUBBELE PADDESTOEL EN SPINAZIE SANDWICH MET GEKRUIDE ROOM.

INGREDIËNTEN

- Sneetjes sandwichbrood
- 3 handjes spinazie
- 1 tomaat
- 1/2 ui
- 4 handen vol champignons
- Een snufje zout
- Peterselie
- Zwarte peper
- 1 knoflook
- Olijfolie

Voor de saus:

- 1 kopje ongezoete sojamelk + reserve
- 4 theelepels maïszetmeel (bekend als maïszetmeel of fijn maïsmeel).
- 1 knoflook
- 1 middelgrote aardappel
- 6 theelepels edelgist
- 3 theelepels knoflookpoeder
- 1 lange scheut citroen
- Een snufje zout
- Tijm
- Oregano
- Zwarte peper

Voorbereiding

1. We beginnen met het bereiden van de saus. Verhit hiervoor een straal olijfolie op middelhoog vuur in een pan en voeg een van de knoflook toe, geschild en in tweeën gesneden.
2. Als de knoflook aan beide kanten geroosterd is, voeg je het kopje sojamelk en de 3 theelepels knoflookpoeder toe en laat je het staan tot het begint te koken.
3. Ondertussen schillen en snijden we een middelgrote aardappel in kleine stukjes. Kook nog een kleine pan met water en breng aan de kook, doe de aardappelstukjes erin en kook tot ze gaar zijn.

4. Voeg in de andere pot 6 theelepels edelgist (of meer), een snufje zout, tijm, royale oregano en een lang scheutje citroen toe.
5. Nu nemen we de 4 theelepels maizena en voegen ze heel beetje bij beetje toe - het is beter als we het zeven.
6. We verlagen het vuur tot middellaag vermogen, voegen veel peper toe en roeren met een paar staafjes snel om klontjes te voorkomen. Snel, want binnen een paar minuten wordt het dikker.
7. Wat onze saus romigheid zal geven, is het maïszetmeel, dat, wanneer gemengd met de hete plantaardige melk, een enigszins dikke room zal creëren. Je kunt de dichtheid compenseren door meer zetmeel of meer plantaardige melk toe te voegen.
8. Wanneer de saus dikker begint te worden, zetten we het vuur uit.
9. Voeg de aardappel toe en pureer deze met de staafjes zelf. Wij blijven roeren. Om klontjes te corrigeren kun je altijd een handmixer gebruiken.
10. We reserveren de crème en gaan voor de vulling.
11. Neem de champignons en de overgebleven knoflook, snijd ze in plakjes en doe ze in een

koekenpan met een scheutje olijfolie, zwarte peper en peterselie. Wij bakken ze goudbruin.

12. Nu zijn er twee opties. Als je, net als ik, de dubbele sandwich op smaak gescheiden wilt maken, verwijder dan de champignons als ze goudbruin zijn, bewaar ze en bak de ui en spinazie apart. Of, we slaan het allemaal samen over, dit gaat smaken.
13. Als we alle groenten geroosterd hebben, mengen we ze met de saus (opnieuw apart of samen).
14. Als de saus na het rusten erg dik is, voeg dan een beetje plantaardige melk toe en verwarm een halve minuut zodat hij zijn romigheid terugkrijgt.
15. Nu gaan we het brood aan beide kanten roosteren. Daarna vullen we het met de room en voegen er nog een beetje peper, edelgist en zout bovenop. We bedekken met een paar plakjes tomaat en sluiten af met nog een sneetje brood.
16. We leggen er nog een laag vulling op en sluiten af met het derde en laatste sneetje brood.
17. Serveer de dubbele vegan sandwich vers geroosterd, warm en met de romige saus.

42. SANDWICH MET KIKKERERWTEN EN AVOCADO PASTA

INGREDIËNTEN

- 8 sneetjes volkoren speltbrood
- 200 g BIO kikkererwten (reeds gekookt)
- 1 avocado
- Een paar korianderblaadjes
- 1 scheutje citroen
- 2 eetlepels olijfolie
- Zout en peper
- Groene bladeren, plakjes tomaat en alfalfaspruiten

Voorbereiding

1. Om de kikkererwten-avocadopasta te bereiden, doe je de kikkererwten en avocado in een kom en prak je ze fijn met een vork. Voeg de citroen, zout, peper, olijfolie en fijngehakte korianderblaadjes toe en meng goed.
2. Stel de sandwiches samen door eerst de pasta in laagjes te leggen, dan wat plakjes tomaat en wat groene blaadjes, en ten slotte wat alfalfaspruiten.

43. BIETENHUMMUSSANDWICH

Ingrediënten

- 8 sneetjes volkoren speltbrood
- Bietenhummus (zie recept hier)
- Rode kool, julienne
- Groene bladeren

Voorbereiding

1. Wij bereiden de bietenhummus volgens het recept dat Gloria een paar maanden geleden met ons deelde.
2. Stel de sandwiches samen door er een eerste laag bietenhummus op te leggen en vervolgens de rode kool in fijne juliennereepjes te snijden. We eindigen met wat groene bladeren.

44. TOFU BACON SANDWICH

INGREDIËNTEN

- 8 sneetjes volkoren speltbrood
- 4 theelepels biologische mosterd
- 250 g stevige tofu
- 2 eetlepels BIO Tamari sojasaus
- 1 theelepel paprikapoeder van La Vera
- ½ theelepel knoflookpoeder
- Olijfolie
- 1 tomaat
- Groene bladeren

Voorbereiding

1. Om het tofu spek te maken, verdelen we het blok in drie delen en snijden elk stuk in dunne plakjes (ongeveer 3 mm dik). Op die manier krijgen we reepjes die lijken op de vorm van spek.
2. We doen de reepjes in een pan (als ze niet allemaal passen, doen we dat meerdere keren, waarbij we de hoeveelheid kruiden en tamari verdelen) met een scheutje olijfolie en knoflookpoeder.
3. We bruinen aan beide kanten goed en zorgen ervoor dat we ze niet verbranden. Als ze goudbruin zijn, voeg je de paprika en tamari toe en laat je ze op laag vuur nog 1 minuut aan elke kant koken.
4. Stel de sandwiches samen door eerst een theelepel mosterd op het gesneden brood te smeren. Vervolgens plaatsen we enkele plakjes tofu-spek en ten slotte de plakjes tomaat en de gekozen groene bladeren.

45. VEGAN BROODJE MET AVOCADO, RUGULA, TOMAAT EN FRAMBOZENMAYO

Ingrediënten (voor twee vegan sandwiches)

- Sandwichbrood (ik raad vooral het sandwichbrood met een beetje kruimel aan)
- Avocado
- Tomaat
- Verse rucola
- Ui
- Olijfolie
- Voor de frambozenmayonaise (zonder ei):

* Met de frambozenmayonaise ben je goed voor ongeveer 6 boterhammen. In de koelkast blijft hij prima enkele dagen goed, maar beter is het als je hem in een luchtdichte verpakking bewaart.

- 1/4 kopje sojamelk (idealiter is sojamelk ongezoet. Ik gebruik de meer neutrale versie (witte baksteen) van Mercadona).
- Een half kopje zonnebloemolie
- een snufje zout
- Een scheutje citroen
- Een handvol verse frambozen
- We hebben een handmixer nodig.

Voorbereiding

1. De eerste stap is het bereiden van de frambozenmayonaise. Om dit te doen, mengen we in een diepe container de sojamelk, zonnebloemolie, een snufje zout en crushen.
2. De beste manier om mayonaise te kloppen is door de handmixer helemaal onder te dompelen en het mengsel beetje bij beetje op en neer te mixen. Maak je geen zorgen, het is heel gemakkelijk.
3. Voeg vervolgens een scheutje citroen en frambozen toe en meng opnieuw.
4. We gaan door met het snijden van de avocado en de tomaat en reserveren.
5. Vervolgens leggen we het brood op toast en laten het liggen totdat het lichtbruin is.

6. Ondertussen snijden we de ui in ringen en bruinen ze in de pan. Om dit te doen, smeren we de pan in met een beetje olijfolie en als de olie heet is, bruinen we de ringen gedurende 2 of 3 minuten op middelhoog vuur. Ze moeten gewoon wat kleur oppikken.
7. Nu selecteren we wat rucolablaadjes.
8. Als het brood geroosterd is, besmeer het dan rijkelijk met de frambozenmayonaise.
9. Vervolgens leggen we rucolablaadjes op de bodem, plakjes tomaat, avocado, wat uienringen en maken de bovenkant van de sandwich af met nog een beetje saus. Wij sluiten en gaan!

46. SANDWICH BLT

Ingrediënten

Voor het spek:

- 150 gr tofu (vooraf uitgelekt)
- 1 eetlepel veganistische Worcestershiresaus
- 2 eetlepels ahornsiroop
- 1/2 eetlepel sojasaus
- 1 eetlepel kokosolie

Voor de boterham:

- 4 sneetjes gesneden brood
- 1 tomaat in plakjes
- Franse sla
- Veganistische mayonaise

Voorbereiding

1. Snij de tofu (vooraf uitgelekt) in 8 reepjes.
2. Voeg in een grote kom de worcestershiresaus, ahornsiroop en sojasaus toe. Meng goed. Voeg de tofureepjes toe en marineer gedurende 15 minuten.
3. Doe de kokosolie op een aluminium bakplaat en vernis goed.
4. Leg de tofureepjes erop en bak 25 minuten op 350 °C. Bak op 400 ° gedurende 5 minuten en schakel uit. Haal uit de oven.
5. Bestrijk elk broodje vegan mayonaise, voeg per broodje tomaat, sla en 4 reepjes spek toe.

47. VEGAN GEBROKEN BROODJES

INGREDIËNTEN (2 BROODJES)

- 4 plakjes vegan worst (type kalkoen, ham...)
- 4 plakjes veganistische kaas
- 4 sneetjes gesneden brood
- 3 eetlepels bloem om te bestrijken zonder ei (type "Yolanda-meel")
- 1 glas water
- Olijfolie

VOORBEREIDING

1. We beginnen zoals bij de gemengde sandwiches van je leven, waarbij we de plakjes kaas en veganistische worst op een sneetje brood leggen en ervoor zorgen dat ze niet uitsteken. We bedekken met nog een

plak en snijden doormidden, waardoor er twee driehoeken overblijven. Hetzelfde doen we met het andere vegan broodje.
2. Om het beslag te bereiden, meng je het warme water met de bloem in een diepe schaal en roer je met een paar staafjes tot er geen klontjes meer zijn. Het moet een textuur hebben die lijkt op die van het ei. Hoe dichter we dit mengsel maken, hoe dikker en knapperiger het beslag op onze sandwiches zal zijn, dus afhankelijk van je smaak kun je wat meer bloem toevoegen.
3. Als je geen speciale bloem voor beslag hebt, kun je een ander soort bloem gebruiken en hetzelfde mengsel maken, maar dan een snufje kurkuma toevoegen om het een beetje kleur te geven.
4. We doen een vinger olie in een pan en bakken onze sandwichdriehoeken voorzichtig aan beide kanten, tot ze goudbruin zijn. Verwijder op een bord met keukenpapier om overtollige olie te verwijderen.
5. Het beste is om er warm van te genieten, dus ...

48. SANDWICH PORTOBELLO PADDESTOELEN EN GEKARAMELISEERDE UI

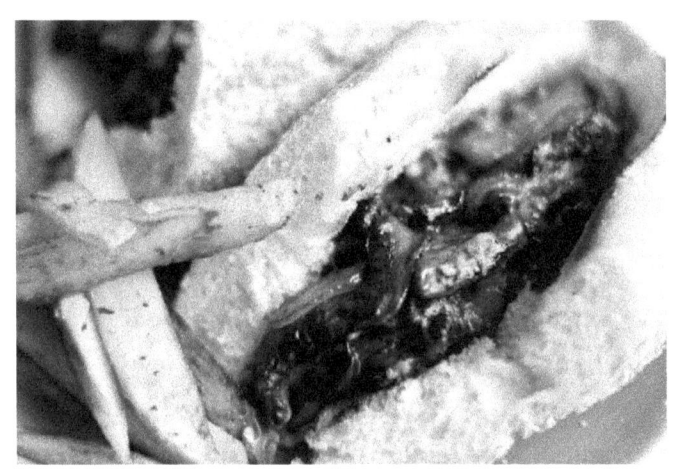

Ingrediënten

- 1 witte ui gesneden
- 2 eetlepels olijfolie
- 1 ½ eetlepel ahornsiroop
- 1 snufje zout
- 4 grote portobello-champignons
- 2 eetlepels Worcestershiresaus
- ½ kopje geraspte veganistische kaas
- Tot uw dienst:
- Stokbrood
- Franse frietjes

Voorbereiding

1. Zet een grote koekenpan op hoog vuur, voeg de olie toe, voeg als deze heet is de

gesneden ui toe en kook 2 minuten onder goed roeren. Voeg de esdoorn toe, meng en dek de pan af. Kook gedurende 4 minuten op middelhoog vuur of tot de ui glazig is.
2. Snijd de portobello-champignons in reepjes of "filets", doe ze samen met de ui in de pan en voeg de Worcestershire-saus toe. Verhoog het vuur tot het maximale vermogen en kook, al roerend goed gedurende 5 minuten.
3. Wanneer de randen van de champignons bruin beginnen te worden, voeg je de vegan kaas toe en roer je op middelhoog vuur. Pas het zoutpunt aan en haal van het vuur.
4. Serveer op stokbrood, vooraf geroosterd of verwarmd in de pan. Begeleiden met frietjes.

49. BROODJE MET GISTBROOD

Ingrediënten voor 2 personen:

- 1 glas gierst
- 1 in blokjes gesneden ui
- een snufje kurkuma
- zeezout
- olijfolie
- 3 glazen water

Voor de vulling:

- 1 blokje gerookte tofu in plakjes gesneden (eventueel gemarineerd met sojasaus en aromatische kruiden)
- ontkiemd
- 2 radijsjes

- gemengde slasoorten
- geroosterde sesamzaadjes
- om te smeren: wat groentepaté, of notenboter geëmulgeerd met heet water

Voorbereiding:

1. Verhit de olie in een pan, voeg de ui en een snufje zout toe en kook gedurende 10-12 minuten. Was de gierst en doe deze samen met 3 glazen water, een snufje kurkuma en nog een snufje zout in de braadpan, breng aan de kook, laat tot een minimum inkoken en dek af met een hard deksel.
2. Maak de gegrilde tofu.
3. Snijd een stuk gierst met een rechthoekige tot vierkante vorm, besmeer dit met groentepastei of notenboter, voeg diverse slasoorten toe, de fijngesneden radijsjes, een plakje tofu, nog een sla en een paar spruitjes, nog een plakje, snijd nog een stukje gierst van dezelfde grootte en bestrijk het met wat we maar willen en plaats het ondersteboven om de sandwich te bedekken. Garneer met geroosterde sesamzaadjes bovenop.

50. TOMATEN BASILICUM SANDWICH

Ingrediënten

- 2 - 3 tomaten in de lengte gesneden
- 1 flinke snuf zout
- 1 eetlepel olijfolie
- 1 - 2 gedroogde Italiaanse kruiden
- 1 scheutje balsamicoazijn
- 2 sneetjes brood
- Veganistische roomkaas
- 4 - 5 basilicumblaadjes
- Zwarte peper

Voorbereiding

1. Verhit een koekenpan op middelhoog vuur met de olie en de kruiden. Zodra het warm is, voeg je de tomaten in een enkele laag toe.
2. Voeg zout toe. Zodra ze gaar zijn, voeg je een scheutje balsamicoazijn toe terwijl je de pan schudt.
3. Zet het vuur uit. Dit proces duurt slechts enkele minuten.
4. Bestrijk het brood met de kaas, voeg de gehakte basilicum en gemalen peper toe.
5. Leg de tomaten erop.
6. Grill de sandwich of rooster eerst het brood en voeg dan de tomaten en kaas toe.

51. NOPAL SANDWICH

Ingrediënten

- 2 sneetjes volkorenbrood
- 2 eetlepels gebakken bonen
- 2 blaadjes sla
- 2 kleine nopales
- 100 g sojakaas
- Zout en peper naar smaak
- 1 theelepel. azijn

Voorbereiding

1. Rooster de 2 nopales met zout en peper naar smaak gedurende 5 minuten en gratineer de kaas bovenop de nopal.
2. Rooster de 2 sneetjes brood.

3. Zodra het brood geroosterd is, verdeel je er 2 theelepels bonen over
4. Voeg de nopales met kaas, de sla, de avocado, de tomaat toe aan het brood en voeg een klein beetje azijn toe.
5. snijd de boterham doormidden.

52. RAUWE SANDWICH MET AVOCADO ALI-OLI

Ingrediënten voor 2 personen:

- 1 avocado
- 1/2 teentje knoflook
- 1 theelepel umeboshi-pasta
- 1/2 citroen
- 2 wortels, geraspt
- ontkiemd
- diverse soorten groene bladeren (veldsla, rucola..)

Voor het "brood":

- 1/2 glas sesamzaadjes
- 1/2 kop pompoenpitten

- 1 grote wortel, fijn geraspt
- 2 eetlepels gedroogde uienkorrels
- 2 eetlepels gedroogde basilicum

Speciaal keukengerei:

- Dehydrator (of drogen in de zon, of bakken op een minimale temperatuur met de ventilator en met de deur een beetje open om de lucht te laten circuleren)

Voorbereiding:

1. De avond vóór het bakken van het brood:
2. vermaal alle ingrediënten, voeg een beetje water toe tot we een hanteerbare textuur hebben, spreid het uit op een paraflexx-plaat of op bakpapier (zet 3 lagen) en dehydrateer bij 105°C gedurende 8 uur. Draai het aan het einde van deze tijd om en droog nog eens 1 uur zonder papier of folie.
3. Maak de avocado-ali-oli: pers de 1/2 citroen uit en pureer deze met de avocado-, knoflook- en umeboshi-pasta.
4. Bestrijk het brood met de ali-oli en vul met de geraspte wortel, de groene bladeren en de spruitjes.

53. SANDWICH EXTRA

Ingrediënten

- 1 stokbrood
- 400 gram zoete kerstomaatjes
- 1 middelgrote aubergine
- 1 bosje basilicum, fijngehakt
- 2 plakjes vegan kaas-tofutti- (optioneel)
- Olijfolie
- Zout
- Peper

Voorbereiding

1. Verwarm de oven voor.
2. Snijd de tomaten doormidden en leg ze met de kant naar boven in een ovenschaal.

3. Bestrooi met een flinke snuf zout en 2-3 eetlepels olijfolie.
4. Bak gedurende 70-80 minuten in een lage oven.
5. Schil de aubergine en snijd deze in plakjes.
6. Bestrooi met een flinke snuf zout en 1/2 kopje olijfolie.
7. Bak (laag) gedurende 35-45 minuten, tot de aubergine zacht en goudbruin is.
8. Snijd het brood in twee gelijke delen.
9. Smeer het brood in met olijfolie en voeg de groenten toe.
10. Bak tot het brood knapperig is en de "kaas" smelt.
11. Voeg de 2 broodhelften samen om de sandwich te vormen.

54. TOFU SANDWICH MET MAYONAISE EN VERSE KRUIDEN

Ingrediënten

- 1 middelgroot blok tofu (genoeg voor de sandwich)
- 1/4 veganistische mayonaise
- 1 eetlepel mosterd
- Fijngesneden bleekselderij naar smaak
- 1 theelepel citroensap
- Verse kruiden naar smaak
- Zout naar smaak
- Peper naar smaak
- Luzerne
- Wit of volkoren gesneden brood (veganistisch!, check de etikettering)

Voorbereiding

1. Voor dit voortreffelijke recept voor de vegetarische keuken beginnen we met het nemen van de tofu en verkruimelen deze. Vervolgens mengen we ze in een bakje met de veganistische mayonaise, mosterd, gehakte bleekselderij, citroen, verse kruiden, peper en zout naar smaak. We roeren heel goed om een zeer dikke pasta te creëren.
2. Eenmaal klaar besmeren we het brood eenvoudig met deze pasta en leggen er een beetje verse luzerne op.

55. VEGETARISCH BROODJE MET POMPOENMAYONNAISE

Ingrediënten

- 1 middelgrote aubergine
- 1 middelgrote courgettepompoen
- 4 plakjes pompoen
- Plantaardige bouillon in poedervorm
- Veganistische kaas
- Zout c/n
- Olie c/n
- Water c/n

Voorbereiding

Pompoen Mayonaise:

1. In een pan plaatsen we de pompoen gelijkmatig in blokjes gesneden

2. We doen water om de blokjes te bedekken, besprenkelen met de groentebouillon in poedervorm en laten koken tot de blokjes gaar zijn.
3. Eenmaal gekookt, haal van het vuur (er mag geen water meer over zijn, aangezien dit tijdens het koken wordt verbruikt), doe de blokjes in een kom, voeg de yoghurt toe en verwerk.
4. Correct zout en indien nodig peper.

Voor de sandwichvulling:

1. Fileer de aubergine en courgette en gril ze.
2. Kies een laag brood met een beetje kruim maar wel lang.
3. Besmeer het met de mayonaise en vul het.
4. Je kunt spruitjes, avocadopartjes en slablaadjes toevoegen.

56. SANDWICH AUBERGLANTPAAT

Ingrediënten

- 4 sneetjes volkorenbrood
- Tahin
- Olijven
- Knoflook en citroensap
- Olijfolie en zout

Voorbereiding

1. De aubergines worden 20 minuten gebakken.
2. Ze worden geschild en geplet met citroensap, knoflook, tahini en olie, op smaak gebracht.
3. Met deze paté worden de plakjes besmeerd, in tweeën gesneden, opgerold en versierd met olijven.

57. BROODJE MET TOFU

Ingrediënten

- 1/4 kilo stevige tofu
- Olijfolie
- Een rijpe tomaat
- Pan
- Een avocado
- 6 theelepel knoflookpoeder
- 6 theelepel uienpoeder
- 1/2 theelepel zout
- 1 theelepel zwarte peper
- 1 theelepel komijn
- 1 theelepel rode peper
- Sla

Voorbereiding

1. Haal de tofu door de olijfolie en vervolgens door het kruidenmengsel.
2. Bak in een beetje olijfolie op hoog vuur goudbruin. Stel de sandwich samen door het brood doormidden te snijden en te vullen met sla, tomaat, avocado en tofu.

58. SANDWICH MET QUINOA EN PADDESTOELEN

Ingrediënten voor 2 personen:

- 1 pot quinoa
- 1 ui in halve maantjes gesneden
- een snufje kurkuma
- zeezout
- 2 glazen water
- 1 teentje knoflook, fijngehakt
- 1 fijn geraspte wortel
- 7 paddenstoelen
- geroosterde pijnboompitten
- olijfolie
- sojasaus (tamari)

Voorbereiding:

1. Was de quinoa, verwarm een beetje olie in een pan en bak de gehakte knoflook bruin, voeg de quinoa toe en rooster 2 minuten. Voeg vervolgens de 2 glazen water, een snufje zout en de kurkuma toe, breng aan de kook, zet het vuur laag en dek af gedurende 20 minuten.
2. Doe het in een grote kom om af te koelen en voeg de geraspte wortel toe. Leg het plat op een bord (om later te kunnen snijden).
3. Fruit de ui met een beetje olijfolie en zout gedurende 10 minuten, voeg de champignons en een scheutje sojasaus toe, bak tot de vloeistof verdampt is, voeg een paar pijnboompitten toe en meng.
4. Vorm een sandwich met een laagje quinoa, de champignonpuree en nog een laagje quinoa. Versier met champignons en pijnboompitten.

59. SANDWICH VAN GESCHROE TOFU

INGREDIËNTEN

- 2 plakjes Thins 8 ontbijtgranen
- ½ blok stevige tofu
- 1 theelepel appelconcentraat
- 2 theelepels tamari- of sojasaus
- 1 cm verse gemberwortel
- 75 gr. cashewnoten (2 uur geweekt)
- Het sap van een halve citroen
- 1 flinke eetlepel biergist
- Bieslook, naar smaak gehakt
- Wat rode slablaadjes
- Zullen
- Water

VOORBEREIDING

1. Om de tofu te smoren, snijden we hem eerst in grote, dunne filets en bakken hem in de pan met een beetje olie tot hij aan beide kanten goudbruin is. Aan de andere kant schillen we de gember en raspen deze. We voegen het toe aan de pan samen met de tamarisaus (of sojasaus) en het appelconcentraat. We voegen ook water toe om de tofu te bedekken. Laat op laag-middelhoog vuur koken tot de vloeistof is geconsumeerd.
2. Om de zure room te bereiden, vermalen we de cashewnoten (vooraf twee uur geweekt), met de biergist, het citroensap en een beetje water. Zodra we de goed gemalen cashewnoten hebben, voegen we beetje bij beetje water toe tot we een crème krijgen, min of meer dik, afhankelijk van de smaak, en voegen we zout toe. We geven onze zure room een extra toets door een beetje bieslook toe te voegen.
3. We stellen onze dunne sandwich samen met een basis van rode slablaadjes, de gestoofde tofufilets en zure room.

60. GROENTESANDWICH

Ingrediënten:

- 2 wortels
- 4 eetlepels zoete maïs
- 1/2 courgette
- 3 radijsjes
- een paar kool of kool
- bladeren
- een paar blaadjes bataviasla
- 1 kopje verse veldsla
- 2 tomaten
- gemalen zwarte peper
- zout naar smaak

- 8 sneetjes gesneden brood of sandwichbrood
- Voor de veganesa (groentenmayonaise):
- 50 ml sojamelk (niet zoet)
- 150 ml zonnebloemolie
- 1 eetlepel appelazijn
- 1/2 theelepel mosterd
- 1/4 teentje knoflook (zonder pit)
- Zout naar smaak

Voorbereiding

1. Doe de sneetjes brood om te roosteren in de broodrooster of in een platte koekenpan met anti-aanbaklaag, in batches, terwijl we de vulling maken.
2. Was alle groenten goed. Julienne (met de hand of met een mandoline, of als je die niet hebt, serveer met een rasp met grote gaten) de wortels, courgette, kool en radijsjes, meng ze met de maïs, bestrooi alles met een snufje zout (minder dan 1/4 theelepel) en doe het in een kom op absorberend keukenpapier.
3. Snijd daarentegen de tomaten in dunne plakjes en de sla in middelgrote stukken.
4. Om de veganist te maken, doe je de sojamelk en de mosterd in een hoge kom die iets breder is dan de arm van de mixer (of

gebruik je een blender) en, kloppend op gemiddelde snelheid, voeg je geleidelijk de olie toe. zonnebloem, in het begin proberend de mixer niet te bewegen, totdat deze emulgeert. Blijf kloppen en de olie toevoegen, en voeg dan de rest van de ingrediënten toe voor de veganisten. Proef het en voeg indien nodig zout toe.

5. Verwijder het keukenpapier van de ingrediënten die we in julienne hebben gesneden en meng ze met de vegan. Hiermee hebben wij alvast ons broodbeleg.

6. Om elke sandwich samen te stellen leggen we op een sneetje vers geroosterd brood wat stukjes sla, daarna wat plakjes tomaat, bestrooien met zwarte peper en gaan verder met een paar eetlepels vulling en eindigen met nog meer sla, de veldsla en nog een plakje sla. brood.

61. TOFU EN MISO SANDWICH

Ingrediënten

- 2 eetlepels rode miso
- 2 eetlepels citroensap
- 2 eetlepels suiker
- 2 eetlepels tamari- of sojasaus
- 1 eetl edelgist
- 1/4 theelepel vloeibare rook
- 1 pakje stevige tofu uitgelekt

Voorbereiding

1. Verwarm de oven voor.

2. Wikkel de tofu (reeds uitgelekt) in wat keukenpapier en leg er iets zwaars op, gedurende 10-20 minuten.
3. Haal de tofu uit de verpakking en snij in dunne plakjes.
4. Doe het in een kom met de marinade en laat het 10 minuten rusten. Bak gedurende 20 minuten.
5. Haal uit de oven en laat afkoelen.
6. Meng voor de marinade de miso, citroen, suiker, tamari, gist en rook.
7. Maak de sandwich met toast, spinazieblaadjes en vegan mayonaise.

62. WILDE ASPERGES EN PADDESTOELEN SANDWICH

Ingrediënten

- 4 kleine sneetjes brood
- 5 groene asperges
- 6 kleine champignons
- 2 plakjes ui
- 2 Californische pruimen, ontpit
- Witte peper
- Olie
- Water
- Zout

Voorbereiding

1. Voeg in een kleine koekenpan een theelepel olie toe en verwarm. Voeg als het warm is de asperges toe en breng op smaak. Bak ze ongeveer 3 minuten op hoog vuur met een deksel in de pan (zodat het niet spettert).
2. Leg een sneetje gesneden brood op een bord en leg de asperges er goed uitgelijnd bovenop. bedek ze met een ander sneetje brood.
3. Voeg in dezelfde pan nog een theelepel olie toe, verwarm en doe de champignons samen met hun eerder gescheiden stengel. een snufje zout, dek af en laat nog 3 minuten op hoog vuur staan, af en toe roeren zodat ze aan beide kanten gaar zijn. plaats ze op het sneetje brood, vorm een tweede verdieping en bedek ze met een ander sneetje brood.
4. We keren terug naar de pan en plaatsen de uienplakken met een druppel olie en zout. hoog vuur en dek af gedurende een minuut. Voeg als deze goudbruin is de 2 pruimen toe, in kleine stukjes gesneden, samen met een scheutje water (ongeveer 3 eetlepels). We zetten het vuur hoog en roeren tot het water verdampt.

5. Dit mengsel verspreiden we over het vorige sneetje brood om een derde verdieping te vormen. Bedek met nog een sneetje, plet alles een beetje met je hand en doe de hele boterham in de pan om het brood een beetje te roosteren, zonder olie of vet, want dat is niet nodig. we draaien ons om om aan de andere kant te toasten.
6. We leggen het op een bord en snijden het doormidden om comfortabeler te eten.

63. SANDWICH MET KOMKOMMERS, WORTELEN EN SPINAZIE.

Ingrediënten

- 2 tarwetortilla's (gebruikt om Mexicaanse taco's te maken)
- 1/2 kopje hummus
- 1 kleine komkommer, heel dun gesneden (ongeveer 1/2 kop)
- 1 wortel, geraspt (ongeveer 1/3 kop)
- 1 en 1/2 el tamari (of sojasaus)
- 1 en 1/2 el rijstazijn
- Zwarte peper
- 2 handjes babyspinazie
- Tabasco optioneel

Voorbereiding

1. Meng de komkommer met de wortel.
2. Voeg tamari en rijstazijn toe en roer.
3. Laat 5-10 minuten marineren (of langer, indien gewenst).
4. Verwarm de tortilla's (mag een paar seconden in de magnetron met een papieren handdoek eronder of in een pan).
5. Bestrijk de tortilla's met de hummus, elk 3-4 eetlepels, en zorg ervoor dat het hele oppervlak bedekt is.
6. Dit zal de sandwichstok helpen.
7. Leg de komkommers op elkaar, dan de wortels en strooi er verse peper over.
8. Voeg een laagje babyspinazie toe.
9. Rol ze op en verwarm ze op een bakplaat om gouden vlekken te creëren.
10. Serveer en eet onmiddellijk.

64. VEGAN TOFU SANDWICH

Ingrediënten

- Tofu stevig
- Brood (vorm)
- Verse tomaten
- Abrikozensla of Romeinse sla
- Sojasaus
- Koriander
- Olijf of canola geaccepteerd

Voorbereiding

1. Allereerst moet je de tofu in plakjes snijden en het overtollige wei verwijderen.
2. We verwarmen een koekenpan met antiaanbaklaag met een beetje olijfolie. Leg

de tofu erop en versier met de koriander, laat hem een beetje bruin worden tot hij een stevigere consistentie krijgt en aan beide kanten een heerlijke gouden kleur krijgt. We voegen een beetje sojasaus toe om het meer kleur en smaak te geven. We wachten tot alle toegevoegde saus is verdampt en zetten op een laag vuur.
3. Ondertussen bereiden wij het brood, eventueel met een beetje vegan mayonaise of alleen.
4. We voegen de reeds gekookte tofu toe samen met de gesneden tomaat en de Romeinse sla in stukjes. Je kunt ook een beetje maagdelijke mosterd toevoegen en het zal helemaal heerlijk zijn!

65. VEGAN TAKE AWAY SANDWICH

Ingrediënten:

- 1 of 2 piquillo-paprika's uit blik.
- 1 bosui, in vrij dikke plakjes gesneden (4 plakjes)
- Een stuk grof gesneden courgette.
- Sla
- Gesneden natuurlijke tomaat.
- Zout en olijfolie
- Een pure (veganistische) sojayoghurt
- Mayonaise zonder eieren)

Voorbereiding

1. De gesneden bieslook en de courgette leggen we op een bord. We voegen zout naar smaak

toe en een scheutje olijfolie. deze zetten we 2 minuten in de magnetron op maximaal vermogen. zodra het klaar is, plaatsen we het op de sandwich.
2. We openen de piquillo-pepers doormidden en leggen deze samen met de rest van de ingrediënten op de boterham.

66. SANDWICH VAN PITABROOD EN SANFAINA

Ingrediënten

- 4 volkoren pitabroodjes
- 2 aubergines
- 2 courgettes
- 3 gepelde tomaten
- 1 rode paprika
- 2 gehakte uien
- 2 teentjes knoflook, fijngehakt
- Olijven, peterselie en peper
- Oregano-olijfolie en zout

Voorbereiding

1. Er wordt een bak met olie verwarmd waaraan de uien worden toegevoegd.
2. Voeg na een paar minuten de rest van de groenten toe met de knoflook, peterselie en oregano en breng op smaak met peper en zout.
3. Laat het mengsel 15 minuten koken en voeg de ontpitte zwarte olijven toe.
4. De pitabroodjes worden gebakken, geopend en gevuld met de bereide stoofpot.

67. SANDWICH AVOCADO

Ingrediënten

- 2 sneetjes (per broodje) brood
- 2 - 3 eetlepels zuurkool
- 1/4 avocado (avocado) in plakjes gesneden
- 1 eetl geraspte tofu
- 2 - 3 eetlepels sojamayonaise
- 1 eetl ketchup
- 2 eetlepels margarine

Voorbereiding

1. Verdeel de margarine over het brood en toast.
2. Verdeel vervolgens de mayonaise, ketchup en zuurkool.

3. Leg vervolgens de gesneden avocado op een enkel sneetje brood en bestrooi met de tofu.
4. Smeer nog meer margarine op de buitenkant van het brood en
5. Grill tot de sandwich goudbruin is, ongeveer 3-5 minuten.

68. COURGETTE MUTABAL

Ingrediënten:

- 2 middelgrote courgettes (700 g)
- 3 eetlepels witte tahini
- 2 teentjes knoflook
  2 eetlepels ongezoete sojayoghurt
- 2 eetlepels citroensap
- 4-5 munt- of groene muntblaadjes (optioneel)
- 1 eetlepel olijfolie (optioneel)
- ¼ theelepel zoete paprika (optioneel)
- ¼ theelepel zout

Voorbereiding

1. Verwarm de oven voor op 200°C.
2. Was de courgette, verwijder het puntje (het stukje stengel) en snijd ze in de lengte doormidden. Snijd het courgettevlees diagonaal in zonder de schil te bereiken (we willen het niet in stukken snijden maar maak diepe inkepingen om het iets sneller te grillen) en bestrooi met een beetje zout.
3. Leg de courgette met de velkant naar boven (vel op de pan) op een bakplaat bekleed met bakpapier.
4. Zet ze in de oven en laat ze 30-35 minuten roosteren, totdat je ziet dat ze gaar zijn. Ze hoeven niet bruin te worden.
5. Haal het vlees voorzichtig met een lepel uit de courgette en doe het in het blenderglas (Let op: ze kunnen met schil en al worden gedaan, maar omdat mijn courgettes erg donker waren, heb ik besloten het niet toe te voegen). Als ze veel verbranden, laat ze dan even afkoelen.
6. Pel de teentjes knoflook, halveer ze en verwijder de hoofdnerf. Doe de knoflook samen met de courgette in de blender en voeg het zout en de tahini toe. Optioneel kun

je gemalen komijn, verse koriander en zwarte peper toevoegen. Klop het op en voeg beetje bij beetje het citroensap en de sojayoghurt toe, zodat je de consistentie van de room kunt controleren. Blijf alles kloppen tot je een gladde crème krijgt, al gebeurt er niets als er stukjes achterblijven. Proef het en corrigeer eventueel het zout. Als je denkt dat het mengsel te dik of te dik is, kun je nog een of twee eetlepels sojayoghurt toevoegen.
7. Je kunt de crème warm of koud serveren. Gebruik de olijfolie, de muntblaadjes en de paprika om er vlak voor het serveren op te doen (optioneel), het geeft het een vleugje zeer goede smaak. Begeleid het met brood (pita, naan (gemaakt met sojayoghurt en plantaardige margarine), chapati, toast, enz.) of met groentesticks om te dippen. Je kunt het ook gebruiken voor tosti's en tosti's, het past heel goed bij naturel tomaat, sla, seitan, wortel etc.
8. De mutabal is een crème- of groentepaté, net als de babaganoush. Hij wordt ook gemaakt met aubergine, maar op verschillende manieren en met verschillende kruiden. In theorie is de Libanese mutabal

niet zo fijngemaakt als de babaganoush (die meer op een fijne crème moet lijken) en wordt hij meestal geserveerd met granaatappelpitjes, terwijl het de babaganoush is die wordt geserveerd met olijfolie en paprika. Nou, dit recept is een mix van beide, ook gemaakt met courgette in plaats van aubergine.

9. Als je geen natuurlijke, ongezoete sojayoghurt hebt of niet kunt vinden, kun je elke plantaardige vloeibare kookroom gebruiken, of soja, rijst, amandelmelk of wat je maar lekker vindt. Voeg het beetje bij beetje toe om te voorkomen dat het te vloeibaar wordt, vooral als u niet-zuivelmelk gebruikt.

69. SANDWICH VEGAN GEHAKTBAL

Ingrediënten

Voor de gehaktballetjes:

- 2 teentjes knoflook
- 2 portobello-champignons
- 2 eetlepels verse basilicum (1 takje)
- 1 kop panko
- 1 kop gekookte quinoa
- 2 eetlepels gedroogde tomaten zonder olie
- 1 eetlepel gekruide tomatensaus
- 1 snufje zout
- Olijfolie

Voor de boterham:

- 2 stokbroodjes
- 1/2 kop veganistische kaas in mozzarella-stijl
- 1/4 tomatensaus
- Verse basilicum naar smaak
- Zout naar smaak

Voorbereiding

1. Leg op een grill die vooraf is ingesmeerd met een beetje olijfolie 2 teentjes knoflook en 2 portobellos. Kook op hoog vuur tot beide kanten goed gaar en goudbruin zijn.
2. Doe de portobellos, knoflook, basilicum, gekookte quinoa, tomatensaus, panko en gedroogde tomaten in een keukenmachine en verwerk gedurende 1 minuut of tot een deegconsistentie is verkregen. Voeg meer panko toe als je mengsel vochtig is.
3. Vorm balletjes van je deeg. Bestrijk de balletjes met een beetje panko.
4. Doe een beetje olijfolie in een grote koekenpan en op middelhoog vuur, voeg je gehaktballetjes toe en bak ze goudbruin. Voeg tomatensaus toe om de gehaktballetjes te bedekken. Kook op middelhoog vuur gedurende 4-5 minuten.
5. Bestrijk de binnenkant van het stokbrood met tomatensaus en mozzarellakaas. Voeg de

gehaktballetjes toe en bak 8-10 minuten. Je kunt de buitenkant van het brood vóór het bakken met een beetje olijfolie bestrijken om het bruin te maken.
6. Serveer met verse basilicum en voeg eventueel meer tomatensaus toe.

70. ZUIGELIJK DINER MET VEGAN INGEZET BROODJE

Ingrediënten

- 2 porties
- 3 sneetjes boerenbrood
- 4 eetlepels caserito ingemaakte groenten
- 1 glas aguq met ijs en citroen

Voorbereiding

1. Snijd de sneetjes boerenbrood en doe deze in een koude augurk en maak er een aantal zeer veganistische en praktische sandwiches van.

71. BROODJES DE MIGA "LICHT"

Ingrediënten

- Kruimelbrood (Zemelen) 10u
- 1 aubergine
- 1 ui
- 1 wortel
- Sla bladeren
- 1-2 tomaten
- Mayonaise
- Om de aubergines te sauteren
- 1 scheutje olie
- Zout
- Peper
- 2 eetlepels mosterd

Voorbereiding

1. We snijden de aubergine in plakjes. We doen het in de pan om te koken met een beetje olie, samen met de ui (in julienne gesneden). Tot ze allebei zacht zijn. Breng op smaak met zout en peper. Voordat u ze uit het vuur haalt, blijft u sauteren met een beetje mosterd. Nu halen we het van het vuur en laten het in een kom liggen met papier dat de olie absorbeert.
2. Nu raspen we de wortel. Wij snijden de tomaten in plakjes. En we zetten ze opzij, elk in een andere kom
3. Nu zetten we een bord met kruimelbrood op tafel en smeren er mayonaise op. En bovenop voegen we de aubergine toe met ui + geraspte wortel. We nemen nog een brood en smeren er mayonaise op en sluiten het. Bovenop datzelfde brood smeren we nog meer mayonaise. In die laag leggen we de tomaat en sla.
4. Om het af te maken, plaatsen we mayonaise op één kant van de 3-broodplaat en sluiten deze.

72. VEGAN SANGUCHE VAN SEITAN

Ingrediënten

- Kruiderijen
- (Naar smaak) Gemalen zwarte peper (optioneel)
- 1 eetlepel Provençaals
- 1/2 theelepel Fijn Himalayazout
- 1 eetlepel bruine suiker

Ingrediënten

- olijfdruppels (voor brood, seitan en tomaten)
- 2 sneetjes brood
- Groenten
- 1/4 kopje groene ui

- 1/4 kopje peterselie
- Fruit en groenten
- 1 tomaat
- 1 stukje ui
- 1 feta papa

Voorbereiding

1. Van de seitan snijden we een stukje af
2. We bereiden twee sneetjes brood (indien mogelijk volkoren) om te roosteren en een dop met: De bruine suiker - de Provençaalse en het zout
3. Snijd de peterselie en de groene ui zeer fijn.
4. Snij de tomaat in plakjes (circa 7 plakjes).
5. Snijd 1 plakje ui.
6. Snij 1 aardappelschijfje (je kunt de schil er ook aan laten zitten)

*** Het belangrijkste is dat de aardappel goed geroosterd is.

1. De ui is geroosterd, maar niet zozeer ... ****
2. We koken de aardappel en even later de ceboia ♥ .
3. Als ze min of meer zijn, worden ze in een aparte plaat verwijderd.
4. We koken de seitan met een paar druppels olijfolie zodat deze niet plakt.

5. We voegen het kleine kopje met de kruiden toe...
6. De suiker begint te smelten, waardoor een "beetje sap" ontstaat.
7. Een paar seconden later voegen we de plakjes tomaat toe.
8. En wanneer hij zijn "Liquid" begint vrij te geven.
9. Voeg de gehakte peterselie en groene ui toe, roer een beetje.
10. Druppeltjes olijfolie, en we sturen de aardappel en ui om samen met de bereiding verder te koken. en af en toe voegen we naar smaak gemalen peper toe.
11. Wanneer de aardappel is; We halen alles van het bord op een apart bord en zonder het vuur uit te zetten, beginnen we het brood te maken met andere druppels olijfolie...
12. Rond en rond totdat ze geroosterd zijn en ... voaaalaa maestress
13. Geweldige chegusan.

73. VEGANISCHE SANDWICH

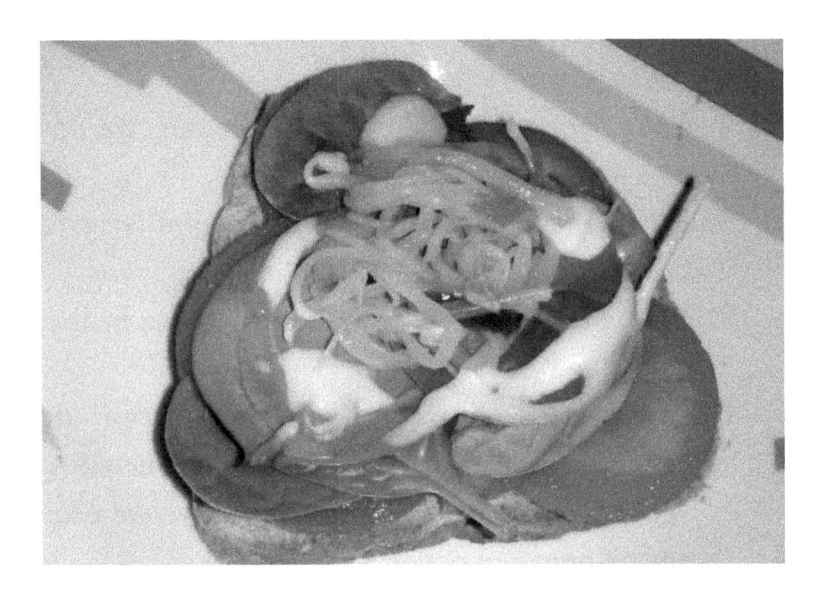

Ingrediënten voor 1 persoon

- 1 tomateneenheid(en) half gesneden tomaat
- 10 gram spinazie 4 of 5 blaadjes
- 1 snufje taugé naar smaak
- 1 snufje volkorenbrood

Voorbereiding

1. Snijd de tomaten en doe ze in de pan, doe de spinazieblaadjes en taugé erover.
2. Je kunt er wat groentesaus of een beetje hummus bij doen en het is heel rijk.

74. ZEER GEMAKKELIJK ROGGEBROOD

Ingrediënten voor 6 personen

- 1 theelepel zout (gemiddeld beter)
- 1 theelepel bruine suiker of melasse
- 1 eenheid(en) warm water
- 300 gram volkoren roggemeel
- 4 gram bakpoeder of 25 gram gist. koel

Voorbereiding

1. Meng het water met de gist en de suiker in een kom en laat dit 5 minuten rusten.
2. Meng de bloem en het zout.
3. Meng alles zonder kneden en zonder kracht (ik gebruikte een vork) tot het homogeen is.

4. Maak met natte handen een bal van het deeg en laat het 3 uur rusten in een kom afgedekt met folie.
5. 20 minuten voordat je hem in de oven legt, voorverwarmen op 180 ° en vervolgens de bal (al in een vorm) in de oven 50 minuten op een middellage stand en met op en neer verwarmen zonder lucht zetten. Haal eruit en laat afkoelen.

75. KNOFLOOKBROOD

Ingrediënten voor 4 personen

- 1,5 eenheid(en) knoflook
- 2 eetlepels verse peterselie
- 3 eetlepels margarine
- 125 gram stokbrood (één stokbrood)

Voorbereiding

1. Haal de margarine uit de koelkast om hem zacht te maken voordat u met het recept begint.
2. Doe de peterselie en de gepelde knoflook in de blender tot ze fijn zijn, voeg de margarine toe en meng opnieuw. Als je geen breker hebt, hak dan de knoflook in de vijzel

en meng met de gehakte peterselie. Meng vervolgens met een vork de margarine.
3. Snijd het brood diagonaal door zonder de bodem te bereiken, zodat het niet breekt en vul elk gaatje met het mengsel van margarine, peterselie en knoflook.
4. Wikkel het stokbrood in aluminiumfolie en bak 7 minuten op 200°C.

76. GROENTESANDWICH

Ingrediënten voor 1 persoon

- 50 gram tomaten
- 30 gram sla
- 2 eenheid(en) asperges
- 60 gram gesneden brood 2 sneetjes
- 1 eetlepel Hacendado lactosevrije eivrije saus

Voorbereiding

1. We snijden de tomaat, besmeren het brood met de saus en voegen de overige ingrediënten toe.

77. LICHTE GROENTESANDWICH

Ingrediënten voor 1 persoon

- 1 snufje spinazie (een paar blaadjes)
- 1 eetlepel Piquillo-peper (boot) (één eenheid)
- 1 eetlepel Hummus
- 50 gram zaaibrood

Voorbereiding

1. Open het brood en smeer er hummus naar smaak op.
2. Open een paprika doormidden en leg deze op het brood.
3. Dan wat spinazieblaadjes erbij, dichtdoen en: eten maar!

78. WORSTTYPE WORST VOOR BROODJES

Ingrediënten voor 6 personen

- 1 theelepel knoflook
- 1 theelepel oregano
- 1 eetlepel peterselie
- 2 glazen water
- 2 eetlepels sojasaus (tamari)
- 2 eetlepels komijn
- 1 glas paneermeel
- 2 glazen tarwegluten
- 1 eetlepel krokant gebakken ui
- 0,5 theelepel Paprika de la Vera of gerookte paprika

Voorbereiding

1. Doe alle vaste ingrediënten in een grote kom en meng goed met een lepel. - Alle vloeistoffen verenigen - Giet de vloeistof over de vaste stof en meng eerst een paar minuten goed met de lepel en kneed het dan. - Maak een rol van het deeg en wikkel het goed in plasticfolie (we zullen het vele keren draaien, aangezien deze verpakking ons later zal dienen om het in de koelkast te bewaren). We binden het goed aan de uiteinden of met een knoop, of met keukentouw. (Je zult zien dat het alleen de vorm heeft van een worst, rond en langwerpig) - Prik met een houten tandenstoker meerdere keren aan alle kanten in de hele rol, zodat het deeg goed vanbinnen gemaakt wordt. - Doe het water in het kokende water gedurende 1 uur en draai het een paar keer om. - Haal uit het water en laat afkoelen.

79. SANDWICH VAN PADDESTOEL, SPINAZIE EN TOMAAT.

Ingrediënten voor 1 persoon

- 1 eenheid(s) geraspte tomaat
- 1 eetlepel spinazie of naar smaak
- 1 snufje zout
- 1 snufje knoflookpoeder
- 1 snufje balsamicoazijn uit Modena-crème
- 1 theelepel extra vergine olijfolie
- 1 glas stokbrood per reep
- 2 glazen bevroren roerbakchampignons, een handvol per broodje

Voorbereiding

1. Bak de champignons met een beetje olie, een snufje knoflook en zout tot het water is geconsumeerd.

2. Rasp een tomaat op het brood.
3. Voeg rauwe spinazie naar smaak toe
4. Plaats de eerder gebakken champignons.
5. Werk af met een scheutje balsamicoazijn van Modena er bovenop.
6. sluit de boterham.

80. AREPA DEEG

Ingrediënten voor 2 personen

- 1 snufje zout
- 1 glas water
- 1 eetlepel olijfolie
- 300 gram voorgekookt wit maïsmeel

Voorbereiding

1. Giet ongeveer anderhalve kop water in een kom, voeg het zout en een scheutje olie toe, voeg geleidelijk de bloem toe en verdun het in het water, voorkom dat er klontjes ontstaan, kneed met je handen en voeg beetje bij beetje bloem en water toe tot je een mengsel krijgt een soepel zacht deeg dat niet aan de handen plakt. Vorm

middelgrote ballen en maak ze plat, zodat een enigszins dikke en symmetrische ronde ontstaat. Bak ze of kook ze in de oven en haal ze eruit als ze goudbruin zijn. Ze worden momenteel geserveerd, vergezeld of gevuld met groenten, tofu, saus...

81. GEROLDE SANDWICH

Ingrediënten voor 6 personen

- 250 gram zonnebloemolie
- 60 gram olijven/groene olijven
- 60 gram Piquillo-peper (boot) in reepjes
- 35 gram mosterd
- 10 gram kappertjes of nauwelijks, een afgestreken eetlepel (optioneel)
- 0,5 theelepel Himalaya roze zout (geen Himalaya, KALA NAMAK)
- 70 gram witte asperges uit blik (vier middelgrote min of meer)
- 30 gram rode kool
- 450 gram volkorenbrood zonder korst (20 sneetjes, dat is een heel pakket)

- 100 gram Hacendado sojadrink
- 1 eenheid(s) Natuurlijk sojadessert met Sojasun bifidus (hoewel ik Sojade gebruik)
- 30 gram suikermaïs uit blik (twee eetlepels)

Voorbereiding

2. Dit lijkt op een zoute zigeunerarm, zei mijn moeder toen ze hem voor het eerst zag.
3. En zoiets is het ook. Het gaat een lange weg voor geïmproviseerde diners of een kleurrijk voorgerecht of wat dan ook.
4. Als je het met dat speciale oprolbrood doet, wordt het presentabeler, maar ik maak het met normaal korstloos gesneden brood en het ziet er lekker uit.
5. Maak eerst vegan (olie + sojamelk + kala namak zout + een halve theelepel xanthaangom als je die hebt) en zet het in de koelkast.
6. Maak een dunne doek of een grote doek vochtig en spreid deze uit op de tafel of het aanrecht. Leg de sneetjes brood heel dicht bij elkaar, totdat de doek bedekt is. Ik doe het meestal in 4 rijen x 5 kolommen.
7. Haal de vegan eruit en voeg de mosterd en yoghurt toe en verdeel dit over de hele bodem.

8. Snij de olijven in plakjes (er komen er 4 uit), de asperges in de lengte doormidden en de rode kool in reepjes.
9. Plaats het in kolommen en laat een beetje ruimte tussen elke kolom. Ik bedoel, een kolom peper, nog een kolom olijven, nog een kolom asperges... totdat je geen ruimte meer hebt.
10. Verdeel vervolgens de maïs en kappertjes zo dat ze heel dun zijn tussen de gaatjes.
11. Rol nu met behulp van het doek de stof heel voorzichtig evenwijdig aan de kolommen en trek hem vast zodat hij stevig is. Eenmaal in elkaar gezet, wikkelt u het door het op te rollen met de doek en plaatst u het in de zak zelf waar het gesneden brood in zat. Sluit het met een elastiekje, en als het je niet geeft, maakt het niet uit, plaats dan het rubber op wat uit de doek steekt. Zet het een paar uur in de koelkast en dan kun je het uitpakken, snijden en serveren op wat sla.

82. GROENTEN- EN KOMKOMMERSANDWICH

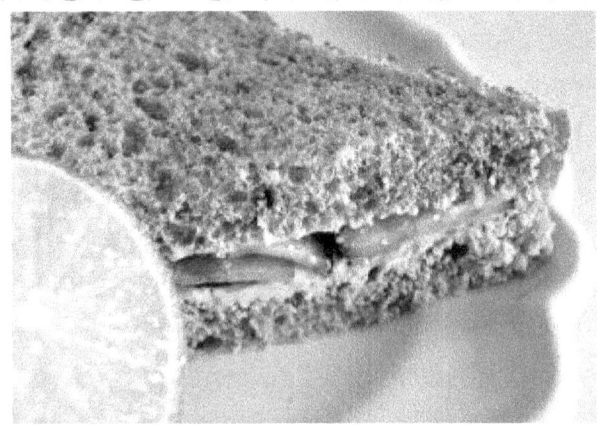

5 minuten

Ingrediënten voor 1 persoon

- 30 gram komkommer
- 2 eetlepels Kaas Kruid Knoflook Veganistische Kaaspasta
- 60 gram volkorenbrood (2 sneetjes)
- 1 snufje limoensap (druppels)

Voorbereiding

1. Nieuwsgierige maar heerlijke en lichte combinatie voor een fris en verzadigend diner. (of voorgerecht of pinchín of wat er ook maar in je opkomt)
2. Zo eenvoudig als het uitsmeren van de vegadelphia en het snijden van een paar plakjes komkommer. Voeg de limoendruppels toe bovenop de komkommer en trek: B

83. FALAFEL, PIQUILLO PEPER EN VEGAN SANDWICH

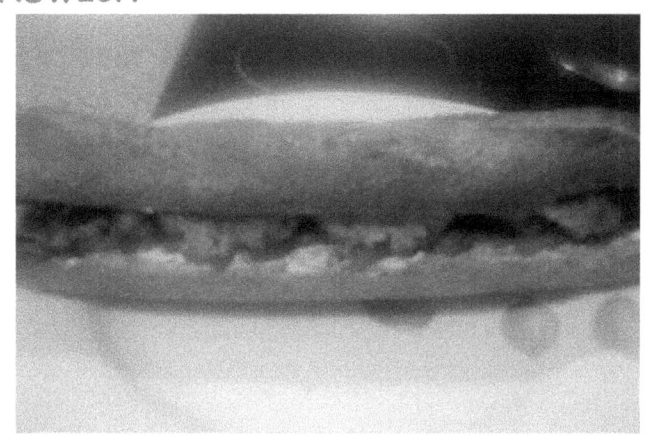

Ingrediënten voor 1 persoon

- 30 gram Piquillo-peper (blikje)
- 1 theelepel sesamzaadjes
- 2 stuks Falafel
- 2 theelepels lactosevrije eivrije saus Hacendado veganesa
- 1 stuk(ken) volkorenbrood met zaden

Voorbereiding

1. Wij bereiden de falafel (gefrituurd of gebakken).
2. We openen het brood en verwarmen het.

3. We bedekken met veganesa en zetten de sesam.
4. We leggen de falafel erbij en maken hem een beetje plat.
5. We doen er wat plakjes piquillo-peper in.

84. SNEL VOLTARWE PIZZABROOD

Ingrediënten voor 1 persoon

- 1 snufje oregano
- 50 eenheid(en) olijven/ontpitte olijven
- 40 gram verpakte gebakken tomaten
- 20 gram Veganistische Edammer Sheese kaas Elke kaas die in de oven smelt (veganistisch of niet, afhankelijk van het diner)
- 40 gram suikermaïs uit blik
- 2 stuk(s) Hacendado volkoren gesneden brood

Voorbereiding

1. De oven wordt voorverwarmd op maximaal vermogen. Sneetjes brood worden licht geroosterd in de broodrooster. Ze worden bedekt met de tomaat en met de rest van de

ingrediënten naar smaak. Ze worden ongeveer 15-20 minuten in de oven op maximaal vermogen gezet en voila!

85. TOFU-SANDWICH

Ingrediënten voor 1 persoon

- 1 tomateneenheid(en)
- 1 snufje brood naar smaak, ik gebruik meestal een half brood
- 125 gram koude tofu

Voorbereiding

1. We hebben de tofu in dunne plakjes gesneden en door de pan gehaald tot hij een beetje bruin werd. De tomaat snijden we in plakjes en leggen deze naast de tofu in de sandwich.

86. RAUW VEGAN LIJNZAADBROOD

Ingrediënten voor 6 personen

- 1,5 kopje gehakte bleekselderij
- 1 glas geraspte wortel, of andere groente naar keuze
- 1 eenheid(en) water
- 4 eetlepels zonnebloempitten kunnen andere zaden of mengsels zijn
- 1 glas gemalen lijnzaad

Voorbereiding

1. klop de ingrediënten tot je een deeg krijgt. Spreid het uit op perkamentpapier en laat het aan elke kant 3 tot 4 uur in de zon drogen.
2. We kunnen ook kruiden toevoegen zoals oregano, dille, basilicum...

3. het kan worden gedroogd in de oven op minder dan 50 graden en met de deur open.
4. brood is in de koelkast maximaal een week houdbaar.

87. PIJPENBROOD

Ingrediënten voor 6 personen

- 2 eetlepels zout
- 200 gram water (ml)
- 500 gram tarwemeel (broodmeel)
- 150 gram pompoenpitten/zaden (diverse zaden)
- 100 gram extra vergine olijfolie (ml)
- 100 gram maïsolie (ml)

Voorbereiding

1. Klop het water met het zout en de oliën op tot een emulsie ontstaat.
2. Doe het in een kom, voeg beetje bij beetje de bloem en de zaden toe, meng en kneed tot je een deeg krijgt. Spreid het deeg uit op

een vel vetvrij papier... en snij het uit met een mes (ik heb een paar rechthoeken gesneden).
3. Bak ze 25 minuten of, als je ze goudbruiner wilt, 30 minuten in de oven, voorverwarmd tot 180 ° C.

88. BROOD MET OLIJVEN

Ingrediënten voor 5 personen

- 10 gram zout
- 500 gram water (ml)
- 3 eetlepels olijfolie
- 500 gram tarwemeel
- 250 gram olijven/zwarte of groene olijven naar smaak
- 1 snufje verse gist anderhalve pil

Voorbereiding

1. We verwarmen het water in de magnetron totdat we erin komen en niet verbranden. Ongeveer 35° of 40° en we lossen de gist op en laten deze 10 minuten rusten.
2. Giet de bloem in een kom en maak een gat in het midden, zoals een vulkaan.

3. Nu voegen we de olijfolie en de 10 g toe. van zout. We mengen goed en beginnen te kneden.
4. Als alle ingrediënten allemaal zijn geïntegreerd, brengen we het deeg naar het marmer en blijven kneden totdat het deeg niet meer aan onze handen blijft plakken. Hiervoor moeten we er rekening mee houden dat we bloem moeten blijven toevoegen, ik heb zelfs bijna 200 g toegevoegd. plus. Het punt is bekend wanneer het deeg handelbaar is en niet aan de handen blijft plakken.
5. Nu voegen we de olijven toe, die we eerder in plakjes hebben gesneden en blijven kneden totdat alle olijven goed in het deeg zijn verwerkt, waardoor het brood de vorm krijgt die we willen.
6. Laat het brood een half uur of 45 minuten rusten op de bakplaat bovenop het marmer. We zullen weten dat het deeg is gerezen als we onze vinger laten zinken en het spoor binnen een paar seconden verdwijnt. Besprenkel het brood met een sliertje olie en zet het in de oven, op 220°C, voor ongeveer een half uur, tot het goudbruin

is. We weten dat het brood gaar is als we er met een tandenstoker in prikken en het er schoon uitkomt.
7. Zodra we het uit de oven halen, wachten we tot het een beetje is afgekoeld en... laten we eten!

89. SANDWICH MET KIKKERERWTEN, BOSBESSEN EN WALNOOTSALADE

Ingrediënten voor 4 personen

- 40 gram sla 4 grote blaadjes
- 40 gram gehakte bleekselderij
- 1 snufje peper
- 40 gram walnoten
- 1 snufje zout
- 10 gram water 2 eetlepels
- 40 gram Sesampasta (Tahini) 4 eetlepels of vegan mayonaise
- 30 gram bieslook (groene ui) gehakt
- 300 gram kikkererwten uit blik
- 20 gram appelazijn 4 eetlepels
- 200 gram meergranenbrood 8 sneetjes

- 40 gram gedroogde bosbessen

Voorbereiding

1. In een kom maken we de saus: we mengen tahini of vegan mayonaise met het water en de azijn; je kunt een beetje moutsiroop toevoegen.
2. In een andere kom pureren we de gekookte kikkererwten, voegen de bleekselderij, bosbessen, gehakte walnoten, bieslook, zout en peper en de saus toe.
3. We leggen een blaadje sla op 4 sneetjes brood, leggen de salade erop en bedekken met nog een stuk brood.

90. ROZEMARIJN EN VLASBROOD

Ingrediënten voor 4 personen

- 1 eetlepel rozemarijn
- 1 theelepel bruine suiker
- 350 eenheid(en) mineraalwater scheenbeen
- 750 gram tarwemeel
- 2 theelepel zeezout
- 1 eetlepel extra vergine olijfolie
- 100 gram lijnzaad
- 25 gram verse gist

Voorbereiding

1. Los de gist op in water (de helft van wat in het recept nodig is) en de suiker, los het op in een houten kom en laat het 10 minuten rusten. Zet erin. een kom met de bloem met

de gist en de rest van de ingrediënten, kneed alles ongeveer 10 minuten en als het een goede consistentie heeft, dek het af met een doek en laat het ongeveer anderhalf uur rijzen, richt de ovenschaal met olie en bestrooi met bloem, geef het deeg de gewenste vorm en geef het diagonale sneden (5 of 6) van 1 cm. dek opnieuw af met de doek gedurende nog eens 45 minuten, als deze tijd verstreken is, kneed je een tijdje totdat je een goede consistentie ziet en bak je vervolgens in de oven die eerder heet was, op 230 graden tussen 40 of 30 minuten, afhankelijk van de vorm die je hebt gekozen (broodjes, repen, draadjes...)

91. SANDWICH WATERKERS EN HUMMUS

Ingrediënten voor 4 personen

- 1 snufje zout
- 1 snufje olijfolie
- 200 gram volkorenbrood
- 150 gram waterkers
- 300 gram Hummus

Voorbereiding

1. We wassen de waterkers en bestrijken lichtjes met zout en olie.
2. Besmeer een sneetje brood met de hummus, leg er een handvol waterkers op en dek af met een ander sneetje.

92. ZWAAR ROZIJNEN- EN WALNOOTBROOD

Ingrediënten voor 6 personen

- 4 eenheid(en) gepelde walnoten
- 5 gram zout
- 200 gram water
- 350 gram tarwemeel
- 3 eetlepels rozijnen
- 10 gram verse gist

Voorbereiding

1. 1. Doe de bloem in een grote kom en maak een gat in het midden.
2. We maken de gist los in een kom met vier eetlepels warm water. 3. Giet deze bereiding, samen met de rest van het warme water en het zout, in de holte van de bloem.

3. Meng het deeg beetje bij beetje met de hand, totdat het loskomt van de wanden van de kom en een homogeen en stevig uiterlijk krijgt.
4. We dumpen het deeg op het aanrecht van onze keuken, vooraf bestoven met een beetje bloem, en kneden het deeg gedurende 10 minuten, waarbij we zo min mogelijk bloem toevoegen.
5. We modelleren het deeg, hetzij in de vorm van brood, hetzij in de vorm van een staaf, en plaatsen het op de ovenschaal, vooraf bebloemd.
6. We maken een paar kleine inkepingen in het bovenste gedeelte en zetten het 50 minuten in de oven op 190°C.

93. SANDWICH VAN LUZENSPROUTEN

Ingrediënten voor 1 persoon

- 0,5 tomateneenheid(en) in plakjes gesneden
- 1 snufje sla één of twee blaadjes
- 1 eetlepel geraspte wortel
- 30 gram ananas per plak
- 1 kopje gekiemde alfalfa
- 60 gram volkorenbrood twee sneetjes
- 2 theelepels Hacendado Lactosevrije Eivrije Saus

Voorbereiding

1. Besmeer beide sneetjes brood met vegan.

2. Leg de alfalfaspruiten, sla, tomaat, geraspte wortel en een schijfje ananas erop.
3. Verwarm en serveer.

94. VIJGENBROOD

Ingrediënten voor 4 personen

- 50 gram walnoten
- 1 snufje plantaardige margarine om de vorm te verspreiden
- 100 gram tarwemeel
- 100 gram rauwe amandelen (zonder schil)
- 1 glas anijs
- 500 gram gedroogde vijgen
- 5 eetlepels Yosoy-rijstdrank of een andere groente

reparatie

1. Snijd de gedroogde vijgen, hak de amandelen fijn en meng alles met de bloem in een kom, hak de walnoten fijn en doe ze in de kom.
2. Voeg de anijs en plantaardige melk toe. Meng alles goed, smeer een vorm in met boter en voeg het vorige mengsel toe.
3. Dek af met aluminiumfolie en bak gedurende 30 minuten op 160°C.
4. Wanneer het vijgenbrood klaar is, laat je het warm worden en uit de vorm halen.

95. SANDWICH MET KIKKERERWTENSALADE

Ingrediënten voor 2 personen

- 40 gram sla
- 1 eenheid(en) knoflook
- 5 gram uienpoeder
- 0,5 eenheid(en) Komkommer
- 10 gram prei
    - glas kikkererwten 8 uur geweekt
- 1 eenheid(s) avocado
- 2 snufjes zout
- 30 gram ingemaakte augurken
- 2 gram Kelp-zeewier
- 1 eetlepel citroensap
- 100 gram volkorenbrood 4 sneetjes
- 15 gram krokant gebakken ui

Voorbereiding

1. We koken de kikkererwten, laten ze uitlekken en verpletteren ze samen met het geweekte zeewier. Het hoeft niet gepureerd te zijn, maar eerder "hobbig".
2. Snijd de augurken, de prei en een teentje knoflook en meng dit met de kikkererwten. Breng op smaak en voeg de tofu of sojasaus toe.
3. We snijden de komkommer en avocado in plakjes.
4. Wij stellen de sandwich samen. Op een plakje leggen we een dikke laag kikkererwtensalade, bedekken deze met een beetje gebakken ui, sla, komkommer en avocado. Bedek met nog een sneetje brood. We verwarmen de sandwich een beetje in de oven.

96. VERBREKERS

Ingrediënten voor 4 personen

- 100 gram brood
- 1 theelepel extra vergine olijfolie

Voorbereiding

1. Het is een raar recept, maar ik gebruik het veel om puree of soep in te doen en zo te profiteren van het brood dat oud blijft.
2. We snijden het brood in kleine vierkantjes.
3. We doen het brood in zeer hete olie, we zijn voorzichtig om rond te gaan om te voorkomen dat het goudbruin verbrandt.
4. We halen het absorberende papier eruit en leggen het erop.
5. Als we willen, kunnen we een teentje knoflook in de olie doen.

97. HAVERMOUTDUMPLINGS

Ingrediënten voor 6 personen

- 250 gram haver
- 1 glas zonnebloemolie
- 0,5 glas witte suiker
- 175 gram volkorenmeel
- 2 eetlepels chiazaad
- 1 eetlepel vanille-essence
- 2 eetlepels bakpoeder

Voorbereiding

1. Maal de chiazaadjes en week ze in een half glas water. Meng de droge ingrediënten en voeg dan de olie en chia toe. maak een stevig deeg als er bloem ontbreekt, voeg beetje bij beetje toe. Maak vormen en bak 10 minuten aan elke kant.

98. VEGAN TOFU ROGGEBROODSANDWICH

Ingrediënten voor 1 persoon

- 0,5 tomateneenheid(en)
- 1 snufje sla per blaadje
- 0,25 Uieneenheid(en)
- 1 snufje zwarte peper
- 1 snufje zout
- 50 gram Tofu enkele plakjes
- 1 theelepel sojasaus (tamari)
- 60 gram volkoren roggebrood (twee sneetjes)
- 2 theelepels Hacendado Lactosevrije Eivrije Saus

Voorbereiding

1. Doe de tofu in een pan met een beetje olijfolie.
2. Doe sojasaus, een beetje zout en peper.
3. Bruin het aan beide kanten.
4. Verdeel veganistisch vlees op roggebrood, doe sla, gesneden tomaat , ui en tofu.
5. Verwarm en serveer.

99. VOLKOREN ROGGE- EN SPELTBROOD

Ingrediënten voor 4 personen

- 375 gram warm water
- 1 eetlepel zeezout
- 2 eetlepels zaden/pompoenpitten rasas
- 250 gram spelt (volkorenmeel)
- 250 gram volkoren roggemeel

Voorbereiding

1. Verder heb je 1 zakje volkorengist nodig
2. Meng de bloem in een kom samen met de bakkersgist en het zout. Voeg het water toe en meng met behulp van een houten lepel. Het is beter om het water beetje bij beetje

te gieten, kijkend of het deeg meer of minder water nodig heeft. Als het goed gemengd is, bedek het dan met plasticfolie en laat het 2 uur gisten (of zelfs een hele nacht en bak het de volgende ochtend). Het deeg wordt in een langwerpige vorm gedaan, bekleed met vetvrij papier, bovenaan worden er dwarssneden gemaakt en we leggen de pompoenpitten erop, aandrukken zodat ze goed aan het deeg blijven plakken. Bak een uur, de eerste 25 minuten op 220 graden en de overige 35 minuten op 175 graden. Het is belangrijk dat de oven wordt voorverwarmd en de ovendeur tijdens het hele proces niet wordt geopend.

100. SANDWICH MET SEITAN, GEROOSTERDE PEPERS EN PADDESTOELEN

Ingrediënten voor 1 persoon

- 1 snufje peper
- 1 snufje zout
- 1 eetlepel olijfolie
- 5 eenheid(en) Paddestoel
- 40 gram brood een klein sandwichbroodje
- 40 gram Seitan
- 50 gram paprikaconserven

Voorbereiding

1. De seitan wordt in lange plakjes gesneden en gegrild met zout en peper. De champignons

worden gesneden en er wordt een sauteer gemaakt met gehakte ui en knoflook. De geroosterde paprika's worden op de grill verhit en het brood wordt een beetje geroosterd. Bij het samenstellen van de sandwich worden de seitan, paprika en champignons op het onderste deel van het brood gelegd en bedekt met het bovenste deel. Je kunt er een hitteberoerte van krijgen in de oven.

CONCLUSIE

Nu je het einde van *Het ultieme veganistische sandwichkookboek bereikt* , hopen we dat je de ongelooflijke veelzijdigheid en creativiteit hebt ontdekt die plantaardige ingrediënten in je keuken brengen. Broodjes zijn meer dan alleen een snelle maaltijd; ze zijn een kans om te experimenteren, te delen en te koesteren.

Of je nu een eenvoudige lunchfavoriet maakt of een ingewikkeld gastronomisch meesterwerk in elkaar zet, onthoud dat elke laag een verhaal vertelt. Door plantaardige opties te kiezen, omarm je niet alleen een gezondere en duurzamere levensstijl, maar voeg je ook een vleugje compassie toe aan elke hap.

Nu is het jouw beurt om deze recepten te nemen, er je eigen draai aan te geven en ze met de wereld te delen. Want als het om vegan sandwiches gaat, zijn de mogelijkheden werkelijk eindeloos.

Bedankt dat je met ons mee bent gegaan op deze smaakvolle reis - veel plezier met het maken van sandwiches!